Mathematik verstehen 1

Arbeitsheft

Prof. Mag. Dr. Bernhard Salzger
Prof. Mag.[a] Judith Bachmann, MPOS
Prof. Mag.[a] Andrea Germ
Prof. Mag.[a] Barbara Riedler
Prof. Mag.[a] Dr. Klaudia Singer
MMag. Dr. Andreas Ulovec

öbv
www.oebv.at

Inhaltsverzeichnis

Die Handlungsbereiche sind links neben der Aufgabennummer ersichtlich.
D … Darstellen, Modellbilden, O … Operieren, Rechnen,
I … Interpretieren, A … Argumentieren, Begründen

1 Natürliche Zahlen

D I **1** **a)** Gibt es eine kleinste natürliche Zahl? ☐ Ja. ☐ Nein.

Wenn ja, gib sie an: ______________

b) Gibt es eine größte natürliche Zahl? ☐ Ja. ☐ Nein.

Wenn ja, gib sie an: ______________

I A **2** In nebenstehendem Bild sind sehr viele Knöpfe abgebildet. Überlege dir, wie du die Anzahl der Knöpfe sinnvoll ermitteln könntest, und gib eine Schätzung an!

D **3** **a)** Gib alle natürlichen Zahlen an, die zwischen 3 und 12 liegen:

____

b) Gib alle natürlichen Zahlen an, die zwischen 98 und 105 liegen:

____

c) Gib alle natürlichen Zahlen von 14 bis 19 an:

____

d) Gib alle natürlichen Zahlen von 1289 bis 1300 an:

____

D **4** **a)** Wie viele natürliche Zahlen liegen zwischen 0 und 10? ______________

b) Wie viele natürliche Zahlen sind kleiner als 5? ______________

c) Wie viele natürliche Zahlen liegen zwischen 99 und 111? ______________

d) Wie viele natürliche Zahlen sind größer als 10? ______________

D **5** **a)** Gegeben ist die Zahl 17. Ihr Vorgänger ist __________, ihr Nachfolger ist __________.

b) Gegeben ist die Zahl 599. Ihr Vorgänger ist __________, ihr Nachfolger ist __________.

O **6** a) Die ersten fünf Vielfachen der Zahl 4 sind ________, ________, ________,

________ und ________.

b) Die ersten fünf Vielfachen der Zahl 12 sind ________, ________, ________,

________ und ________.

O I **7** Streiche alle Zahlen durch, die kein Vielfaches von 2 sind!

784 62 454 970 217 36 455 55 238 981 190 343
239 480 500 907 1000 444 777 4 322 227 8276

D **8** a) Gib alle geraden Zahlen an, die zwischen 13 und 21 liegen:

____

b) Gib alle geraden Zahlen an, die zwischen 197 und 212 liegen:

____

c) Gib alle ungeraden Zahlen an, die zwischen 43 und 56 liegen:

____

d) Gib alle ungeraden Zahlen an, die zwischen 444 und 451 liegen:

____

I **9** Kreuze nur richtige Aussagen an!

☐ $5 \in \mathbb{N}$ ☐ $26 \in V_6$ ☐ $10 \notin \mathbb{N}_g$ ☐ $17 \in \mathbb{N}^*$ ☐ $8 \notin \mathbb{N}_u$ ☐ $9 \in \{1, 2, 9, 11\}$

D **10** Welche Zahl wird dargestellt? Kreuze an!

a) LXXIII	☐ 123	☐ 523	☐ 33	☐ 73	☐ 5203
b) CMXI	☐ 111	☐ 1111	☐ 911	☐ 411	☐ 100011
c) DCXCIV	☐ 6114	☐ 514	☐ 696	☐ 54	☐ 694
d) MMCCII	☐ 2222	☐ 2022	☐ 2002	☐ 2202	☐ 22000

D **11** Stelle die Zahl mit Ziffern dar! Verwende Dreiergruppen zur besseren Lesbarkeit!

a) 7H 6Z 4E ________
b) 4T 1E ________
c) 3ZT 4H 9Z ________
d) 6M 4T ________
e) 9M 1HT 4Z ________
f) 8HM 1H ________
g) 1Md 4M 3HT 2T 5E ________
h) 3B 7ZT ________

I **12** Ergänze den Text durch Zuordnen der Begriffe!

In der Zahl 53728 steht die Ziffer 3 an der ______________________. Die Zahl 19406 besteht aus fünf ________________. Die Ziffer __________ steht in der Zahl 3562 an der Einerstelle. Die Zahl __________ ist der Vorgänger des Doppelten der Zahl 2. 1000 ________________ sind eine Million. Zwischen 38 und 44 liegen ________ natürliche ________________. In der Zahl 4344 steht die Ziffer 4 nicht an der ______________.

5	Zahlen	3	Tausenderstelle	2	Ziffern	Hunderterstelle	Tausender

D **13** Schreibe die Zahlen in einer Kleiner-Kette an! Verwende dabei die Darstellung mit Ziffern!

a) 372   3T 7H 2E   CCCLXXIII   dreihundertsiebenundzwanzig

______________ < ______________ < ______________ < ______________

b) MMCXXX   2310   zweitausendunddreizehn   2T 3Z 1E

______________ < ______________ < ______________ < ______________

D **14** Schreibe die Zahlen in einer Größer-Kette an! Verwende dabei die Darstellung mit Ziffern!

a) achtundneunzig   CMIX   8Z 9E   809

______________ > ______________ > ______________ > ______________

b) 1H 6Z 8E   hundertsechsundachtzig   680   CLXXXVIII

______________ > ______________ > ______________ > ______________

D I **15** In der ersten Tabelle ist die Mittagstemperatur jedes Tages einer bestimmten Woche eingetragen. Trage die Namen der Wochentage sowie die zugehörige Mittagstemperatur in die zweite Tabelle so ein, dass die Temperaturen in aufsteigender Reihenfolge zu lesen sind!

Wochentag	Mittagstemperatur
Montag	28 °C
Dienstag	34 °C
Mittwoch	26 °C
Donnerstag	30 °C
Freitag	31 °C
Samstag	29 °C
Sonntag	32 °C

Wochentag	Mittagstemperatur (aufsteigend)

I **16** Welche natürlichen Zahlen sind durch Markierungen auf dem Zahlenstrahl dargestellt?

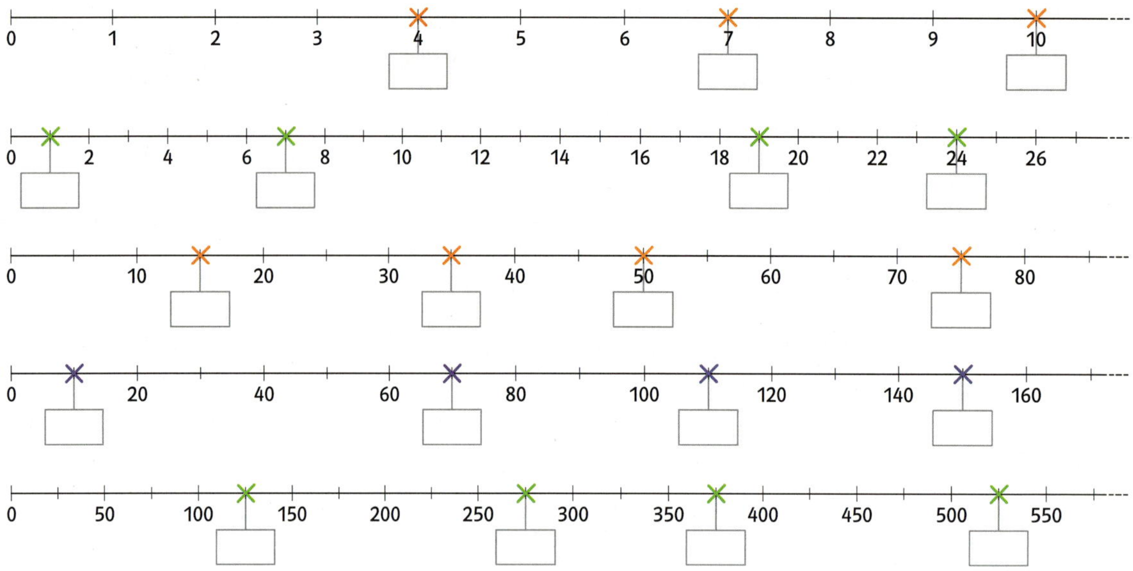

I **17** Welche natürlichen Zahlen sind durch Markierungen auf dem Ausschnitt des Zahlenstrahls dargestellt?

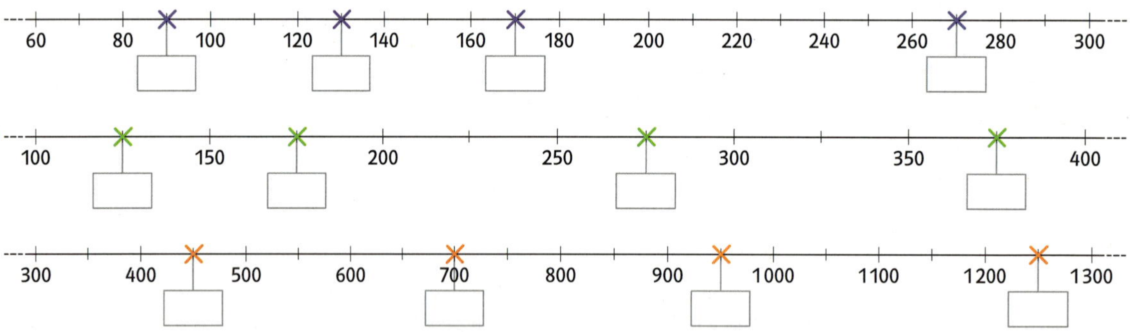

D **18** Stelle die angegebenen Zahlen durch Markierungen auf dem Zahlenstrahl dar!

a) 4, 9, 12, 17

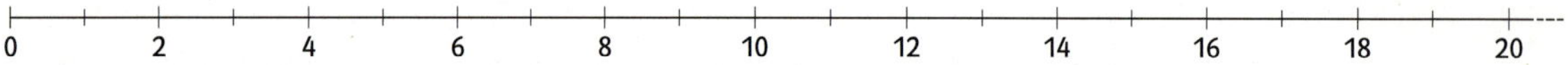

b) 5, 25, 40, 55

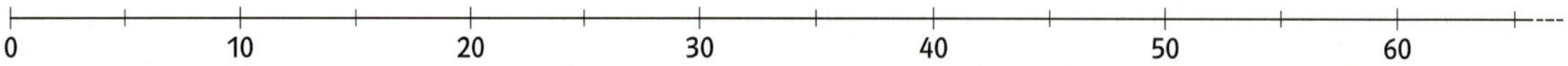

c) 175, 225, 325, 400

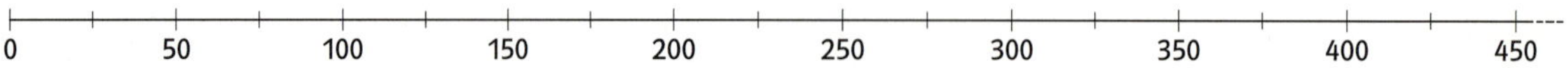

d) 50, 400, 750, 850

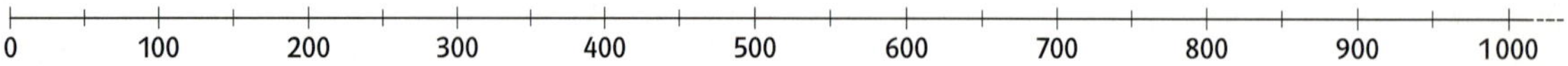

e) 3 000, 4 500, 6 500, 9 000

f) 5 000, 15 000, 30 000, 45 000

O **19** Runde die Zahlen in der Tabelle auf die angegebene dekadische Einheit und gib jeweils den Rundungsfehler an!

Zahl	auf Zehner	Rundungs-fehler	auf Hunderter	Rundungs-fehler	auf Tausender	Rundungs-fehler
58						
641						
993						
1964						
8005						

I **20** Gegeben ist eine auf Hunderter gerundete Zahl. Welche natürliche(n) Zahl(en) wurde(n) hier gerundet? Kreuze an!

a) 5800 ☐ 5832 ☐ 5748 ☐ 5891 ☐ 5752 ☐ 5850

b) 17000 ☐ 17003 ☐ 16952 ☐ 17990 ☐ 17499 ☐ 16499

I **21** Gegeben ist eine auf Tausender gerundete Zahl. Welche natürliche(n) Zahl(en) wurde(n) hier gerundet? Kreuze an!

a) 10000 ☐ 9499 ☐ 5001 ☐ 10224 ☐ 9510 ☐ 7820

b) 999000 ☐ 1000000 ☐ 900000 ☐ 999445 ☐ 998500 ☐ 992999

O **22** **a)** Das Runden einer Zahl auf Zehner ergibt 60 und einen Rundungsfehler von 3.

Welche Zahl wurde gerundet? Gib beide Möglichkeiten an: ________ ________

b) Das Runden einer Zahl auf Hunderter ergibt 300 und einen Rundungsfehler von 48.

Welche Zahl wurde gerundet? Gib beide Möglichkeiten an: ________ ________

c) Das Runden einer Zahl auf Tausender ergibt 7000 und einen Rundungsfehler von 289.

Welche Zahl wurde gerundet? Gib beide Möglichkeiten an: ________ ________

A **23** **1)** Begründe die Tatsache, dass das Runden der Zahl 499 auf Hunderter die Zahl 500 ergibt!

____

____

2) Begründe die Tatsache, dass das Runden der Zahl 499 auf Tausender die Zahl 0 ergibt!

____

____

2 Mit natürlichen Zahlen rechnen

O **24** Berechne die Summe!

a) 34 + 12 + 26 + 71

b) 68 + 42 + 102 + 55

c) 211 + 95 + 30 + 177 + 386

d) 779 + 23 + 465 + 800 + 933

e) 1064 + 256 + 339 + 2015 + 2442

D O **25** Fabian möchte wissen, ob in seiner Schule insgesamt mehr Kinder in die 1. Klassen oder in die 2. Klassen gehen. Die folgende Tabelle hat er sich zusammengestellt:

Klasse	1A	1B	1C	1D	1E	2A	2B	2C	2D	2E
Zahl der Kinder	25	23	24	25	23	21	25	25	24	24

Für die Gesamtzahl der Kinder in den 1. Klassen rechnet er:

______ + ______ + ______ + ______ + ______ = ______

Für die Gesamtzahl der Kinder in den 2. Klassen rechnet er:

______ + ______ + ______ + ______ + ______ = ______

Daraus schließt er: „In meiner Schule gehen insgesamt mehr Kinder in die ______.

Klassen als in die ______. Klassen."

D O **26** Ergänze die fehlende Zahl!

a)
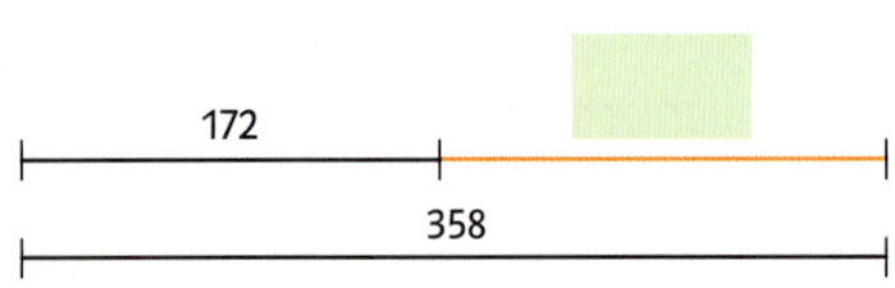

b)
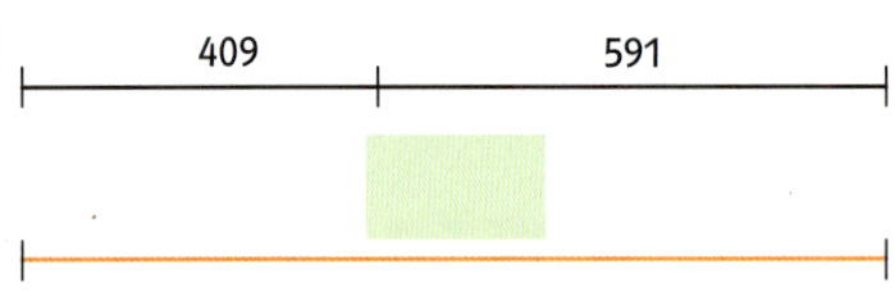

c)
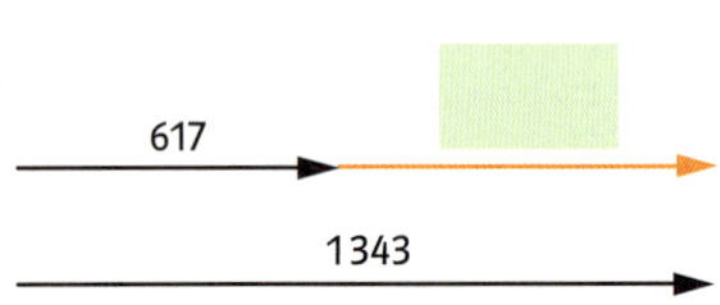

d)
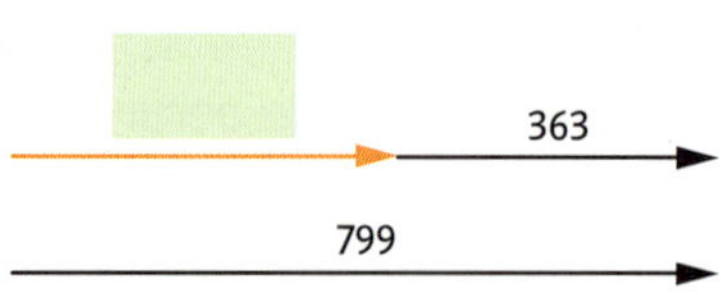

e)
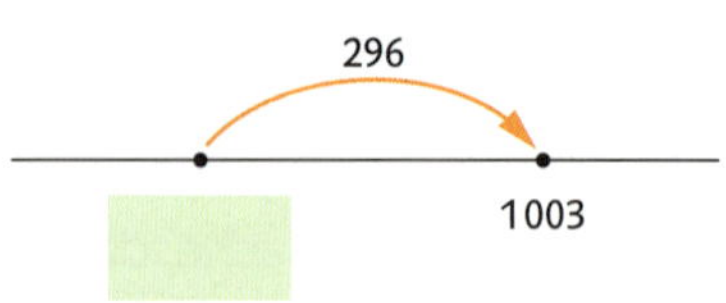

f)
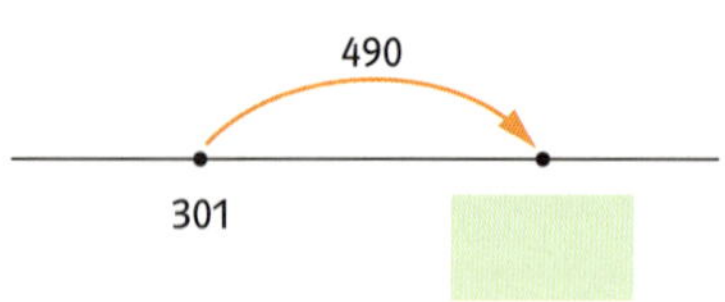

O **27** Emma führt einige Additionen durch. Stelle fest, ob sie richtig gerechnet hat! Ist die ermittelte Summe falsch, schreibe das korrekte Ergebnis an!

1) 362 + 236 + 255 = 853 ☐ richtig ☐ falsch korrektes Ergebnis: ______

2) 56 + 3 + 673 + 21 = 780 ☐ richtig ☐ falsch korrektes Ergebnis: ______

3) 119 + 883 + 432 + 45 = 1884 ☐ richtig ☐ falsch korrektes Ergebnis: ______

4) 525 + 718 + 43 + 1067 = 2353 ☐ richtig ☐ falsch korrektes Ergebnis: ______

5) 99 + 98 + 97 + 198 + 199 = 791 ☐ richtig ☐ falsch korrektes Ergebnis: ______

D O I **28** Um sich fit zu halten, läuft Rainer häufig durch einen großen Park.

a) Heute möchte er 700 m vom Startpunkt A zum Zielpunkt H rennen und dann wieder 700 m zum Punkt A zurücklaufen. Welche Wege könnte er wählen, ohne einen Weg zweimal zu nehmen? Schreibe diese auf:

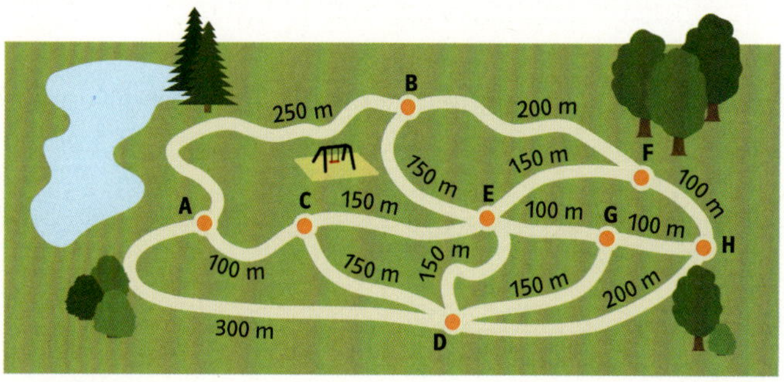

hin: ______ *zurück:* ______

b) Welche ist die kürzeste Route, die beim Punkt A beginnt und endet und durch die Punkte B, C, D und E führt? Schreibe diese auf:

______

O **29** Berechne die Differenz!

a) $\begin{array}{r} 83 \\ -35 \\ \hline \end{array}$ **b)** $\begin{array}{r} 175 \\ -141 \\ \hline \end{array}$ **c)** $\begin{array}{r} 843 \\ -509 \\ \hline \end{array}$ **d)** $\begin{array}{r} 1620 \\ -\ 837 \\ \hline \end{array}$ **e)** $\begin{array}{r} 62813 \\ -\ 6937 \\ \hline \end{array}$

D I **30** Auf einem Tisch liegen 12 Farbstifte. Schreibe die folgende Aussage als Rechenanweisung an!

a) Fünf Stifte werden davon weggenommen. ______

b) Sieben Stifte werden dazugelegt. ______

c) Alle Stifte werden weggenommen. ______

d) Es werden davon vier Stifte weggenommen und dann wieder dazugelegt.

______

e) Es wird davon kein Stift weggenommen bzw. auch keiner dazugelegt.

______

D O **31** Ergänze die fehlende Zahl:

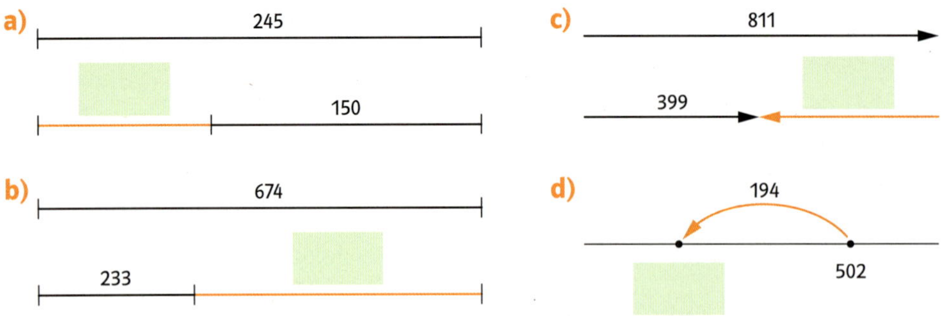

O **32** Setze die fehlende Zahl ein!

a) 27 + ______ = 40 c) ______ + 13 = 37 e) 40 − ______ = 17 g) ______ − 45 = 12

b) 19 + ______ = 45 d) ______ + 212 = 400 f) 242 − ______ = 210 h) ______ − 48 = 112

O A **33** Berechne geschickt, indem du dir vorstellst, eine Zahl auf eine andere zu ergänzen! Die Frage: „Wie viel fehlt auf …?" kann dir dabei helfen.

a) 501 − 499 = ______ b) 79 + ______ = 82 c) 801 − 798 = ______ d) 3 998 + ______ = 4 002

O A **34** Ergänze den Text! Deute die Subtraktion als Unterschied (Vergleich) zweier Zahlen!

a) Der Großglockner (3 798 m) ist um __________ m höher als der Hohe Sonnblick (3 106 m).

b) Der Neue Dom in Linz (135 m) ist um __________ m höher als der Salzburger Dom (81 m).

c) Die Straßenverbindung Graz–Villach (178 km) ist um __________ km länger als die Straßenverbindung Graz–Wolfsberg (82 km).

d) Elefant Jumbo (3 670 kg) ist um __________ kg schwerer als Nashorn Alma (2 790 kg).

A **35** a) Zeige, wie man für 68 + 37 = 105 eine Rechenprobe machen kann!

____

b) Zeige, wie man für 195 − 36 = 159 eine Rechenprobe machen kann!

____

D O **36** Stelle mit Hilfe von Additionen bzw. Subtraktionen die Zahl 100 1) durch fünf Einser, 2) durch sechs Fünfer dar!

1) ____

2) ____

0 I **37** Welche beiden natürlichen Zahlen haben die Summe 100 und die Differenz 10? Schreibe die beiden Zahlen auf und kontrolliere durch Rechnung!

Zahlen: ______ ______

Kontrolle: ______ + ______ = 100 ______ − ______ = 10

0 **38** Berechne und beachte dabei die Klammernregel!

a) 156 − (38 + 71) = ______

b) (205 − 127) − (49 − 12) = ______

c) (365 + 63) − (10 + 94) = ______

d) (842 − 52) − (634 + 111) = ______

0 **39** Setze Klammern so, dass die Rechnung richtig ist!

a) 45 − 25 + 12 = 8

b) 100 − 67 − 45 = 78

c) 95 + 34 − 10 + 11 + 12 = 96

d) 152 − 100 − 45 − 32 + 18 = 147

I **40** Ergänze den Text durch Zuordnen der Begriffe!

Das Kommutativgesetz der Addition besagt, dass sich die ______ nicht ändert, wenn man die ______ vertauscht. Das Assoziativgesetz besagt, dass sich die ______ nicht ändert, wenn man ______ zu ______ zusammenfasst.

Teilsummen *Summanden* *Summanden* *Summe* *Summe*

0 **41** Begründe ohne auszurechnen, dass die Gleichung richtig ist!

a) 34 + 280 + 63 = 280 + 63 + 34

______

b) (936 + 256) + 26 = 936 + (256 + 26)

______

0 **42** Berechne das Produkt!

a) 164 · 7 **b)** 638 · 9 **c)** 26 · 73 **d)** 85 · 69 **e)** 292 · 145

D I **43** Welche Multiplikation zeigt die Streckendarstellung? Schreibe sie auf!

a) 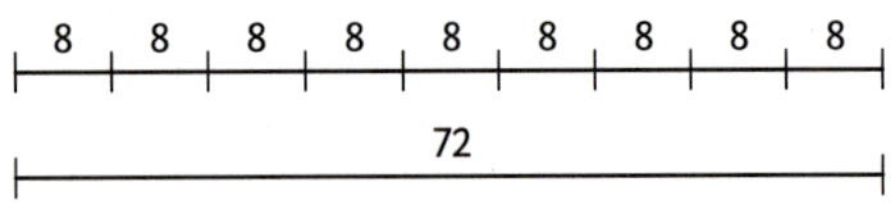

b) 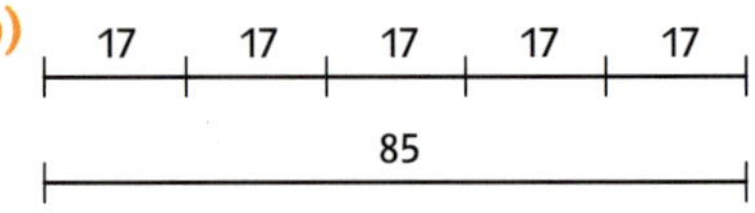

D O **44** Rica kauft sich zwei T-Shirts um je 12 €, fünf Zierknöpfe um je 4 € und drei Armreifen um je 7 €. Sie bezahlt mit einem 50 €- und einem 20 €-Schein. Wie viel Geld bekommt sie zurück? Schreibe die gesamte Rechnung auf und formuliere eine Antwort!

Rechnung:

Antwort: ______________________

O **45** Berechne den Quotienten!

a) $196 : 7 =$ b) $387 : 9 =$ c) $765 : 45 =$ d) $1232 : 112 =$

O **46** Ergänze die fehlende Zahl!

Platz für Nebenrechnungen:

	Dividend	Divisor	Quotient
a)	364	26	
b)		33	92
c)	1064		14

D O **47** Frau Pöggsteiners Auto verbraucht auf 1200 km genau 60 l. Was verbraucht ihr Wagen im Durchschnitt auf 100 km?

Rechnung:

Antwort: ______________________

O **48** Setze die fehlende Zahl ein!

a) $5 \cdot$ ____ $= 35$ c) ____ $\cdot 8 = 64$ e) $35:$ ____ $= 7$ g) ____ $: 4 = 4$

b) $7 \cdot$ ____ $= 63$ d) ____ $\cdot 12 = 132$ f) $135:$ ____ $= 9$ h) ____ $: 10 = 100$

I **49** Sind die Rechnungen richtig oder falsch? Kreuze an!

	richtig	falsch		richtig	falsch
$6 \cdot 0 = 6$	☐	☐	$6 : 1 = 1$	☐	☐
$6 \cdot 0 = 1$	☐	☐	$6 : 1 = 6$	☐	☐
$6 \cdot 0 = 0$	☐	☐	$6 : 6 = 6$	☐	☐
$6 \cdot 0 = 60$	☐	☐	$6 : 6 = 1$	☐	☐

I **50** Ergänze den Text durch Zuordnen der Begriffe!

Die ____________ ist die Umkehroperation der Addition. Die Multiplikation ist die Umkehroperation der ____________. Subtraktion und ____________ sind entgegengesetzte Rechenarten, genauso wie Division und ____________.

Addition *Subtraktion* *Multiplikation* *Division*

O **51** Rechne im Kopf!

a) $50\,000 : 10 =$ ____ c) $7600 : 100 =$ ____ e) $6\,000\,000 : 1000 =$ ____

b) $4290 \cdot 100 =$ ____ d) $91 \cdot 10 =$ ____ f) $8 \cdot 1\,000\,000 =$ ____

D **52** Setze die fehlende Zahl ein, indem du ein Distributivgesetz beachtest!

a) $12 \cdot 82 + 12 \cdot 137 =$ ____ $\cdot (82 + 137)$ c) $(82 +$ ____ $) : 16 = 82 : 16 + 46 : 16$

b) $4 \cdot 47 -$ ____ $\cdot 30 = 4 \cdot (47 - 30)$ d) $(200 - 50) :$ ____ $= 200 : 10 - 50 : 10$

O **53** Berechne!

a) $(26 + 31) \cdot 3 - 5 \cdot (45 - 36) - (125 - 119)$

____

b) $10 \cdot (67 - 55) - (12 + 28) \cdot 2 + 36 - (89 - 58)$

____

c) $(38 - 17) - 2 \cdot (37 - 28) + 4 \cdot (92 + 8) - 52$

____

[D] [O] 54 Alfred verlädt acht Kisten zu je 5 kg auf den Lastwagen, dann acht Kisten zu je 12 kg und zum Schluss noch acht Kisten zu je 18 kg.

1) Schreibe die Rechnung auf zwei Arten auf!

2) Berechne, mit wie viel Kilogramm der Lastwagen beladen worden ist!

1) *1. Art:* ____________ *2. Art:* ____________

2) *Rechnung:* ____________

[A] 55 Warum gilt **1)** 23 + 82 = 22 + 83, **2)** 79 – 36 = 77 – 34, **3)** 5 · 40 = 10 · 20, **4)** 120 : 40 = 12 : 4?

1) ____________

2) ____________

3) ____________

4) ____________

[O] 56 Berechne und bemale die Lösungsfelder mit der angegebenen Farbe!

Farbe Blau:

612 – 74 = ______

406 – ______ = 196

1540 – 783 = ______

______ – 671 = 2534

376 – ______ = 213

______ – 423 = 1500

1439 – 576 = ______

______ – 1230 = 5423

Farbe Orange:

1296 + 372 = ______

203 + ______ = 1000

963 + 1023 = ______

______ + 416 = 1200

______ + 1205 = 2406

478 + ______ = 1230

______ + 489 = 1232

768 + ______ = 2140

Farbe Grün:

45 · 30 = ______

______ · 7 = 3941

______ · 9 = 432

147 · 60 = ______

45 · 20 = ______

93 · ______ = 9300

125 · ______ = 375

Farbe Braun:

120 : 10 = ______

275 : 5 = ______

1200 : ______ = 40

1200 : 150 = ______

______ : 20 = 43

278 : ______ = 139

296 : 4 = ______

Farbe Violett:

50 · 4 = ______

500 : 4 = ______

62 + 40 = ______

111 · 4 = ______

91 : 13 = ______

120 – 110 = ______

45 + 5 = ______

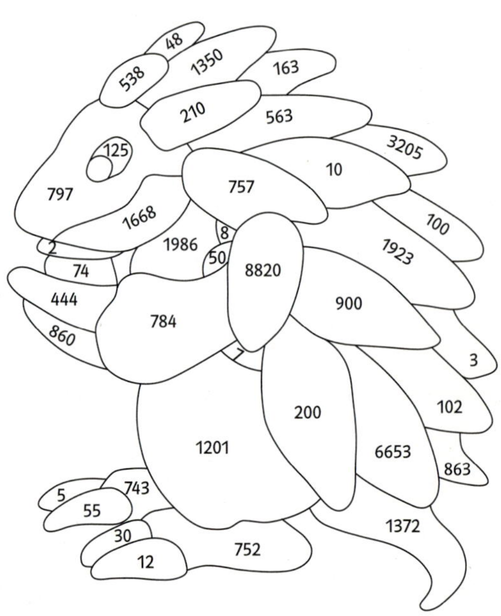

3 Zahlen in Dezimaldarstellung

D **57** Um welche Zahl handelt es sich bei folgender Darstellung?

a) $3 \cdot 1000 + 5 \cdot 1 + 7 \cdot 0{,}1 + 4 \cdot 0{,}01 = 3\,005{,}74$

b) $5 \cdot 10 + 3 \cdot 0{,}01 + 8 \cdot 0{,}001 =$ ______________________

c) $5 \cdot 1000 + 7 \cdot 0{,}01 + 8 \cdot 0{,}0001 =$ ______________________

d) $1 \cdot 100 + 2 \cdot 1 + 4 \cdot 0{,}1 + 3 \cdot 0{,}000\,01 =$ ______________________

e) $3 \cdot 0{,}000\,01 =$ ______________________

D **58** Trage die Zahl richtig in die Stellenwerttafel ein!

		M	HT	ZT	T	H	Z	E	z	h	t	zt	ht	m
a)	682 073,29													
b)	12,743 948													
c)	8 408 729,401													
d)	450 105,528 032													
e)	4 072 118,364													

I **59** Gegeben sind Zahlen in unterschiedlichen Darstellungen. Verbinde jeweils gleiche Zahlen!

4T 3z 1ht

4T 301ht

4 000,0301

4 030,01

4T 30E 1h

43H 1zt

4 003E 1z

430,01

4 · 1000 + 3 · 100 + 1 · 0,0001

4 · 100 + 3 · 10 + 1 · 0,01

4 000,3001

viertausenddreikommaeins

D I **60** Schreibe die kleinstmögliche Zahl in Dezimaldarstellung an, die alle Ziffern (0, 1, 2, …) jeweils einmal enthält!

____

D I **61** Schreibe die größtmögliche Zahl in Dezimaldarstellung an, die alle Ziffern (0, 1, 2, …) jeweils einmal enthält!

____

D I **62** Ordne den Waren passende Preise aus der Auswahl zu und gib alle Preise in Dezimaldarstellung in Eurobeträgen an!

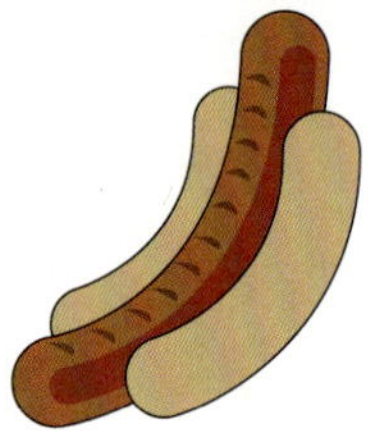

1) ____________

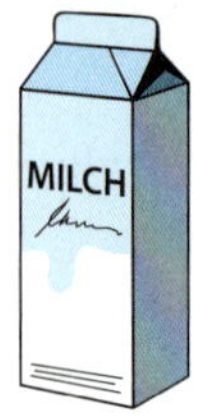

3) ____________

5) ____________

7) ____________

9) ____________

2) ____________

4) ____________

6) ____________

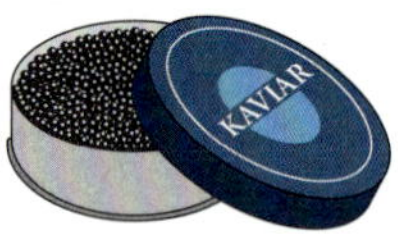

8) ____________

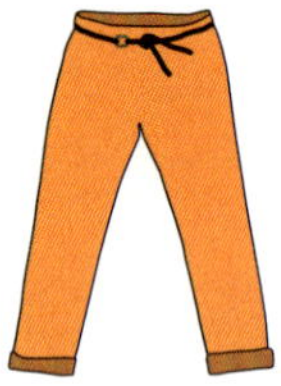

10) ____________

12 590 c | 54,80 € | 15,90 € | 2 € 10 c | 26 c

12 € 50 c | 100 c | 349,98 € | 0,89 € | 190 € 90 c

D I **63** Um wie viel ist 2,436 9 größer als 2,406 9? Kreuze an!

☐ 3 Zehntausendstel ☐ 3 Zehntel ☐ 3 Tausendstel ☐ 3 Hundertstel

I A **64** Sind die folgenden Aussagen richtig oder falsch? Kreuze an! Stelle falsche Aussagen richtig!

	richtig	falsch
A: 0,12 ist um 0,2 größer als 0,1.	☐	☐
B: 2,47 ist größer als 2,4.	☐	☐
C: Es gibt keine Zahl, die zwischen 0 und 0,1 liegt.	☐	☐
D: Addiert man zu 47,8 die Zahl 2,2, so erhält man eine natürliche Zahl.	☐	☐
E: 33,7 ist kleiner als 33,70.	☐	☐
F: Eine Zahl ist umso größer, je weiter rechts sie auf dem Zahlenstrahl liegt.	☐	☐

Richtigstellungen:

____

____

I **65** Welche der folgenden Aussagen treffen für die Zahl 111,10111 zu? Kreuze die beiden zutreffenden Aussagen an!

- ☐ Diese Zahl liegt auf dem Zahlenstrahl links von der Zahl 111,1111.
- ☐ Diese Zahl liegt auf dem Zahlenstrahl rechts von der Zahl 111,1111.
- ☐ Diese Zahl ist um 1t kleiner als 111,1111.
- ☐ Diese Zahl ist um 1h kleiner als 111,11111.
- ☐ Diese Zahl ist größer als 111,11.

D **66** Stelle die Zahl, **a)** die in der Mitte von 0 und 0,25 liegt, **b)** die um 0,25 größer als 1 ist, **c)** die um 0,1 kleiner als 1 ist, als Punkt oder Kreuz möglichst genau auf diesem Zahlenstrahl dar und schreibe jeweils dazu, wie die Zahl lautet!

D **67** Stelle die Zahl, **a)** die in der Mitte von 9,5 und 10 liegt, **b)** 9,1, **c)** 9,25 als Punkt oder Kreuz möglichst genau auf diesem Zahlenstrahl dar!

Runden

I A **68** Finde heraus, welche Zahlen falsch gerundet sind! Welches Wort lässt sich aus den Buchstaben der falsch gerechneten Aufgaben bilden?

U	auf z: 34,569 ≈ 34,57	**A**	auf E: 103,4499 ≈ 103	**T**	auf t: 4,987604 ≈ ≈ 4,988
E	auf ht: 4,123429 ≈ ≈ 4,12342	**M**	auf z: 0,0389 ≈ 0,1	**S**	auf T: 3999,9 ≈ 4001
M	auf Z: 4,99 ≈ 5	**R**	auf H: 49,789 ≈ 0	**L**	auf h: 600,7009 ≈ ≈ 600,70

Lösungswort: ____________________

Stelle die falschen Aufgaben richtig!

D O **69** **1)** Gib die folgenden Zahlen in Dezimaldarstellung an! **2)** Ordne die Zahlen der Größe nach! Beginne mit der kleinsten Zahl! **3)** Runde die Zahlen auf Hundertstel! **4)** Runde die Zahlen aus 3) auf Zehntel! **5)** Runde die ursprünglichen Zahlen auf Zehntel: Was fällt auf?

$2{,}249\,8$ | $5\,Z\;9\,t\;8\,zt$ | $3 \cdot 100 + 8 \cdot 0{,}001$ | $0{,}046\,99$

$3\,488{,}2$ | $1 \cdot 1 + 8 \cdot 0{,}01$ | $44 \cdot 0{,}01$

1) ________ ________ ________ ________ ________ ________ ________

2) ________ ________ ________ ________ ________ ________ ________

3) ________ ________ ________ ________ ________ ________ ________

4) ________ ________ ________ ________ ________ ________ ________

5) ________ ________ ________ ________ ________ ________ ________

Es fällt auf: ____

____

O I **70** Runde die in den Klammern angegebenen Zahlen so, dass sie im Zusammenhang mit dem Text sinnvoll sind!

Peter steht täglich um ________ (4,78 min) Minuten nach sechs Uhr auf.

Er geht ca. ________ (344,5 m) Kilometer zu Fuß und fährt dann noch

________ (2,345 67 km) Kilometer mit dem Bus zur Schule. Gestern hatte er in der ersten Stunde Mathematik. Er erhielt die Schularbeit zurück und ärgerte sich über einen Fehler sehr. Er hatte richtig gerechnet, aber als Antwort geschrieben: Der Kuchen reicht für

höchstens 22,4 Kinder. Als Verbesserung schreibt er: ________________

Für eine Konstruktion muss er die Länge einer Dreiecksseite ermitteln. Er misst sie mit dem

Lineal. Die Strecke ist ________ (4,093 cm) Zentimeter lang. Zu Hause gab es bei Peter gestern Faschiertes mit Kartoffelpüree zu essen. Peters Mutter erwähnte, dass sie

diesmal anstelle von Wasser ________ (0,253 47 l) Liter Milch für das Püree verwendet habe. Am späten Nachmittag ging Peter mit seinem Onkel ins Fußballstadion.

Als er nach Hause kommt, erzählt er: „Es waren beinahe ________ (9 844) Leute bei dem Match!"

O A **71** Felix möchte möglichst lang eine schwere Hantel hochheben. Seine Schwester Susi misst die benötigte Zeit. Er schafft es 3 min 14,567 s lang. Dann versucht es seine Schwester und er misst die Zeit. Sie schafft es 3,218 min lang. Wer hat gewonnen? Begründe die Entscheidung!

____

____

Mit Zahlen in Dezimaldarstellung rechnen

0 **72** Ergänze in der folgenden „Rechenwand" die fehlenden Zahlen! Jede Zahl ergibt sich aus der Summe/Differenz/dem Produkt der beiden darunter stehenden Zahlen.

a)

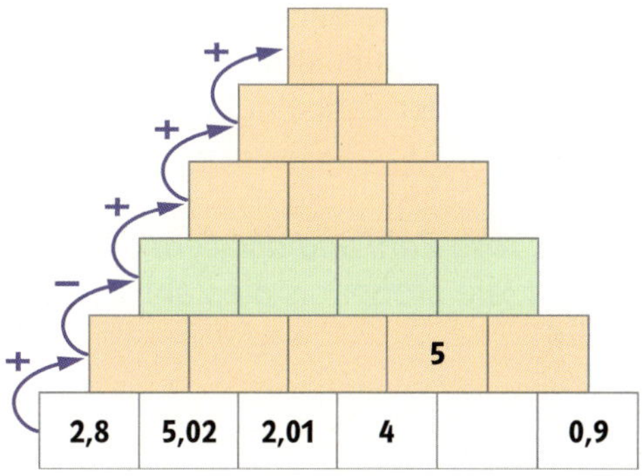

c)

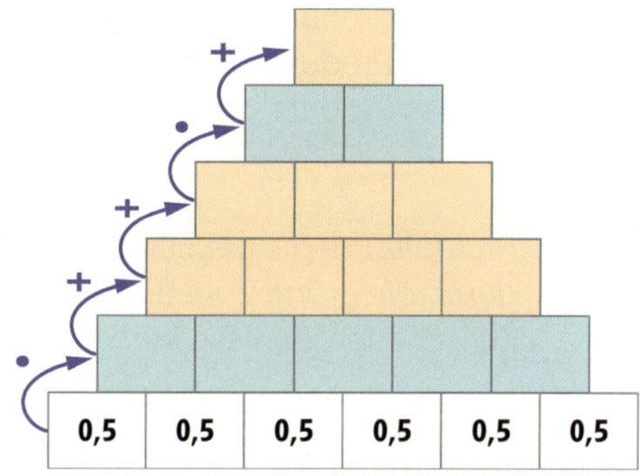

b)

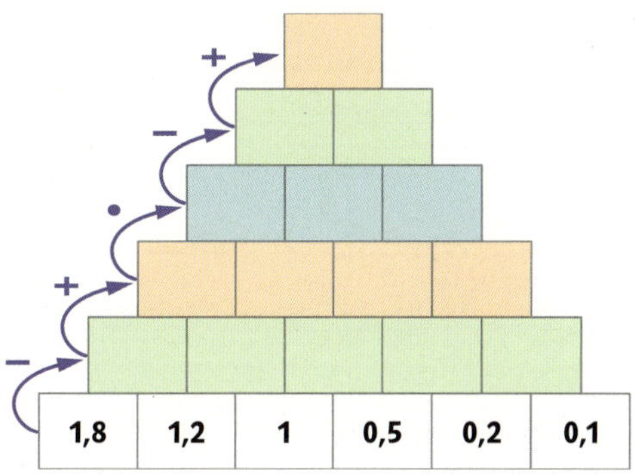

d)

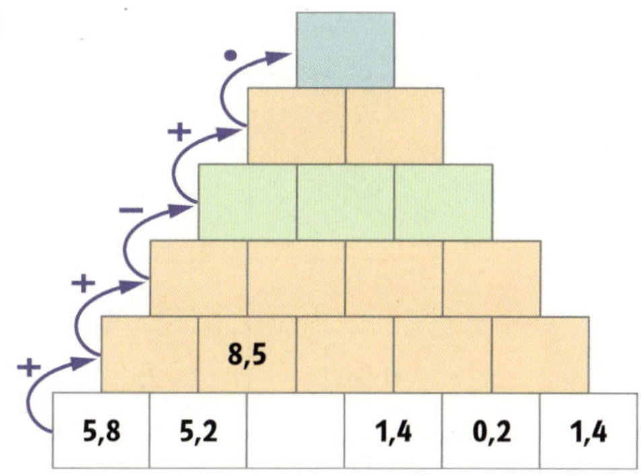

0 **73** Addiere die grüne Zahl im Kopf so oft zur gegebenen Zahl, bis du eine Zahl erhältst, die größer als die Zahl im letzten Feld ist! Trage Zwischenergebnisse in die freien Felder ein!

a)	0,4	4	4,4	4,8	5,2	5,6		**5,3**
b)	0,9	2						**4**
c)	1,1	5						**10**
d)	1,5	3						**9**
e)	0,02	8						**8,09**

0 **74** Subtrahiere die rosa Zahl im Kopf so oft von der gegebenen Zahl, bis du eine Zahl erhältst, die kleiner als die Zahl im letzten Feld ist! Trage Zwischenergebnisse in die freien Felder ein!

a)	0,4	10	9,6	9,2	8,8	8,4		**8,6**
b)	0,6	1,6						**0,5**
c)	1,0	7,3						**3**
d)	2,2	10,2						**5,1**
e)	0,04	9						**8,85**

I **75** Vervollständige den Satz durch Ankreuzen der richtigen Textbausteine so, dass er mathematisch korrekt ist!
Wird eine Zahl a mit einer Zahl multipliziert, die zwischen 0 und 1 liegt, ist ___①___, da ___②___.

①
- ☐ das Produkt kleiner als a
- ☐ das Produkt gleich groß wie a
- ☐ das Produkt größer als a

②
- ☐ die Zahl a dadurch unverändert bleibt
- ☐ ein Produkt stets größer als die Zahl a ist
- ☐ von der Zahl a nur ein Bruchteil genommen wird

O I A **76** *Multipliziere die gegebene Zahl so oft mit der rosa Zahl und dividiere die gegebene Zahl so oft durch die grüne Zahl* bis du eine Zahl erhältst, die größer als die Zahl im letzten Feld ist! Trage Zwischenergebnisse in die freien Felder ein!

1)	10	4	40	400	4000	40000	**5030**
2)	100	2					**1000000**
3)	1000	5					**3000000**
4)	0,1	4					**5030**
5)	0,01	2					**1000000**
6)	0,001	5					**3000000**

7) Was fällt auf? Versuche, eine Erklärung dafür zu finden!

____

____

O I A **77** *Multipliziere die gegebene Zahl so oft mit der rosa Zahl und dividiere die gegebene Zahl so oft durch die grüne Zahl* bis du eine Zahl erhältst, die kleiner als die Zahl im letzten Feld ist! Trage Zwischenergebnisse in die freien Felder ein!

1)	0,1	10	0,1	0,01	0,001	0,0001	**0,0009**
2)	0,01	2444,5					**1**
3)	0,001	15000					**0,01**
4)	10	10					**0,0009**
5)	100	2444,5					**1**
6)	1000	15000					**0,01**

7) Was fällt auf? Versuche, eine Erklärung dafür zu finden!

____

____

I **78** Kreuze an, welche der folgenden Rechnungen ein Ergebnis haben, das größer als 10 ist!

- ☐ das Produkt der Zahlen 4,5 und 2
- ☐ der Quotient der Zahlen 100 und 0,1
- ☐ die Zahl 0,25 mit dem Faktor 200 multipliziert
- ☐ die Summe der Zahlen 0,1 und 10,01
- ☐ die Differenz der Zahlen 100,44 und 90,54

O I **79** Ergänze Fehlendes!

a)

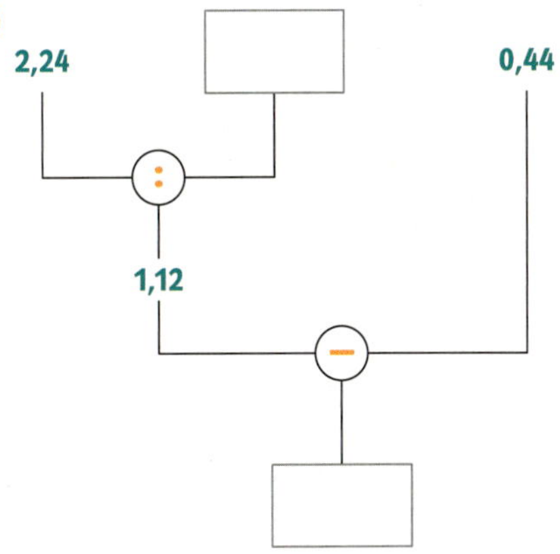

b)

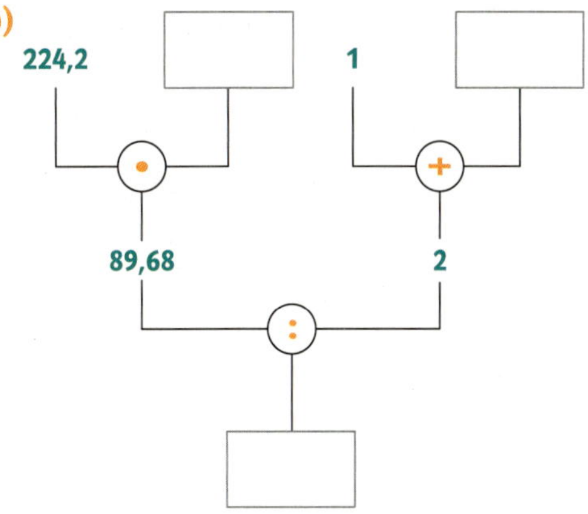

Nebenrechnungen:

D O I **80** Clarissa kauft Himbeeren und presst sie zu Saft. Sie hat 10,5 Liter Saft hergestellt und will diesen in Flaschen füllen. In eine Flasche passen **a)** 0,5 Liter **b)** 1,1 Liter **c)** 0,7 Liter **d)** 1,5 Liter Saft. Wie viele Flaschen benötigt Clarissa, wenn sie den gesamten Saft abfüllen will? Runde sinnvoll!

Nebenrechnungen:

Antwort:

a) ______________________

b) ______________________

c) ______________________

d) ______________________

O **81** Der Korb mit Amirs Einkäufen wiegt insgesamt 5,6 kg. Im Korb befinden sich sieben Packungen Schnitten zu je 12 dag, drei Packungen Butter zu je einem Viertel Kilogramm und vier Packungen Aufstriche zu je 0,125 kg. Außerdem kaufte Amir Äpfel. Diese wiegen 2,4 kg. Wie viel wiegen seine weiteren Einkäufe, wenn der Korb selbst 60 dag wiegt?

Rechnung:

Antwort:

O **82** Folge den Pfeilen! Das Ergebnis der ersten Aufgabe ist der fehlende Ausdruck der zweiten Aufgabe usw. Wenn du nacheinander die zugehörigen Buchstaben notierst, erkennst du das Lösungswort.

	12,4 · 12,4	**T**	3,213 6	**D**	2 200 : ______
O	______ : 0,4	**U**	______ : 2,2	**R**	______ − 0,86
K	______ · 13,39 · 0,12	**P**	______ + 23,55 · 2		

Lösungswort: ______________

O A **83** Du stehst im Supermarkt an der Kassa. Du hast 27 Euro dabei. Reicht das Geld für den untenstehenden Einkauf?

1) Mache eine Überschlagsrechnung und schätze!
2) Ermittle den genauen Rechnungsbetrag!

zwei Sträuße Blumen zu je 6,30 €
eine Packung Nudeln 1,39 €
eine Box Mineralwasser 7,79 €
eine Packung Kakao 3,38 €

1) *Überschlagsrechnung:*

2) *Rechnung:*

Alle Grundrechenarten

0 84 Rechne so weit wie möglich im Kopf und schreibe die Ergebnisse an!

1) 32,5 + 18,2 + 5,5 − 6,2 = ___________

2) 16,3 + (25,7 − 5,7) − (40 − 3,7) = 16,3 + ___________ − ___________ = ___________

3) Ergänze 32,6 auf 100! ___________

4) Um wie viel ist 138,5 größer als 76,23?

Ergebnis: ___________________________

5) Berechne die Differenz von 76,9 und 28,7! ___________

6) Subtrahiere die Summe von 28,9 und 36,5 von der Zahl 150!

Ergebnis: ___________________________

7) Tanja möchte sich ein neues Handy kaufen. In ihrem Sparschwein hat sie 138,5 €, von ihren Eltern bekommt sie 44,5 €. Das Handy kostet aber 215 €. Wie viel Geld fehlt Tanja noch?

Ergebnis: ___________________________

8) Es werden Waren um 2,45 €, 6,70 € und 1,15 € gekauft. Es wird mit einem 20 €-Schein bezahlt. Wie viel Geld bleibt übrig?

Ergebnis: ___________________________

9) Subtrahiere die kleinere von der größeren Zahl: 72,56; 86,52

Ergebnis: ______________________

10) Ein Auto wiegt im beladenen Zustand 1,156 t. Das Eigengewicht des Autos beträgt 0,956 t. Wie viel kg wiegt die Ladung?

Ergebnis: ______________________

11) Daniela erhält 17 € Taschengeld. Sie gibt 3,50 € für Getränke, 1,35 € für Obst, 65 c für Mineralwasser und 1 € 75 c für Süßigkeiten aus. Wie viel Geld bleibt ihr übrig?

Ergebnis: ______________________

12) Ergänze 6,8 auf 7! __________

A	B	C	D	E	F	G	H	I	J	K	L	M
32	62,2	62,27	0,2	9,75	40	39	48,2	9,7	46,2	50,1	50	200
N	**O**	**P**	**R**	**S**	**T**	**U**	**W**	**X**	**Z**			
0	0,3	0,1	31	67,4	84,6	142,4	77,4	62,17	13,96			

Trage die Buchstaben deiner Lösungen ein!

12)	11)	9)	8)	10)	7)	1)	9)	7)	5)	1)	11)	2)		3)	8)	2)	12)

2)		11)	6)	9)	1)	8)	4)	5)
	U							

4 Länge, Masse, Temperatur, Zeit

D I **85** Setze die Begriffe „Maß (Größe)“, „Maßzahl“ und „Maßeinheit“ richtig ein!

Höhe eines Hauses = 10 Meter

Wasserinhalt des Aquariums = 130 Becher

Dauer einer Schulpause = 375 Pulsschläge

Entfernung Sonne – Erde = 8 Lichtminuten

Längenmaße

D I **86** **a)** Ergänze die fehlenden Maßeinheiten!

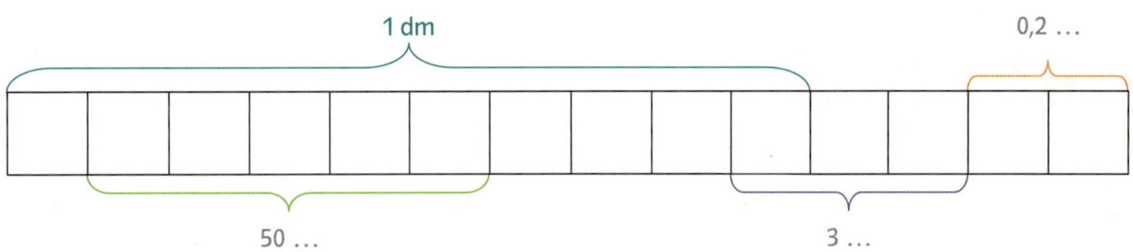

b) Ergänze die fehlenden Maßzahlen!

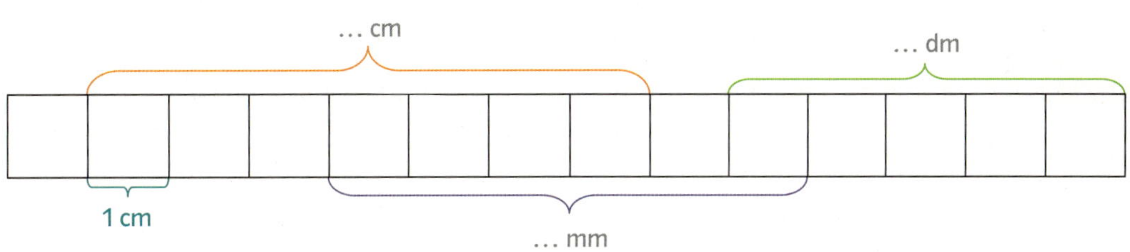

D **87** Ergänze die Tabelle!

m	dm	cm	mm	Länge in m	Länge in dm	Länge in cm	Länge in mm
3	9	4	5				
				0,163			
					5,01		
						8,2	
							9

D **88** Schreibe die angegebene Länge mehrnamig an!

a) 7,302 m = ____________

b) 0,592 m = ____________

c) 45 dm = ____________

d) 728 dm = ____________

e) 39,1 cm = ____________

f) 6 291 cm = ____________

g) 116 mm = ____________

h) 73 830 mm = ____________

D **89** Schreibe die angegebene Länge in der Maßeinheit Meter an!

a) 25 cm = ____________

b) 4 m 83 mm = ____________

c) 6 dm 3 cm = ____________

d) 4 440 cm = ____________

e) 6 mm = ____________

f) 8,7 km = ____________

D **90** Schreibe die angegebene Länge in der Maßeinheit Dezimeter an!

a) 91 cm = ____________

b) 1 m 3 cm = ____________

c) 0,728 m = ____________

d) 1,6 cm = ____________

D **91** Schreibe die angegebene Länge in der Maßeinheit Zentimeter an!

a) 2 m 3 mm = ____________

b) 639 mm = ____________

c) 0,054 m = ____________

d) 28,1 dm = ____________

D **92** Schreibe die angegebene Länge in der Maßeinheit Millimeter an!

a) 0,007 m = ____________

b) 18,5 cm = ____________

c) 1,9 dm = ____________

d) 2 m 3 dm 5 cm = ____________

D **93** Schreibe die angegebene Länge in der Maßeinheit Kilometer an!

a) 3 500 m = ____________

b) 6,08 m = ____________

c) 4 m 3 dm = ____________

d) 12 063 cm = ____________

D I **94** Welche Angabe entspricht dem angeführten Längenmaß? Kreuze an!

a) 3,9 m	☐ 39 cm	☐ 0,39 dm	☐ 3 900 mm	☐ 0,039 km
b) 0,4 dm	☐ 40 cm	☐ 4 m	☐ 4 mm	☐ 0,04 m
c) 61 mm	☐ 610 cm	☐ 0,61 dm	☐ 6,1 m	☐ 6 100 km
d) 753 cm	☐ 75,3 m	☐ 0,753 m	☐ 75,3 dm	☐ 0,753 km

D O **95** Ein bereits 4,36 m hoher Baum wächst im folgenden Jahr um 7,1 dm, im nächsten Jahr um 28 cm und im übernächsten Jahr nur noch um 9 cm. Berechne, wie hoch der Baum nach all diesen Wachstumsphasen ist! Gib das Ergebnis in der Einheit Meter an! Schreibe die gesamte Rechnung an!

Rechnung:

Antwort: ______________________________

D O **96** Jeremy knotet vier verschieden lange Schnüre aneinander: Die erste Schnur ist 1,2 m lang, die zweite Schnur 56 cm, die dritte Schnur ist 23 dm und die vierte Schnur ist 27 cm lang. Beim Verknoten gehen jedes Mal 5 cm an Schnurlänge verloren. Berechne die Gesamtlänge der vier miteinander verknoteten Schnüre! Gib das Ergebnis in der Einheit Meter an! Schreibe die gesamte Rechnung an!

Rechnung:

Antwort: ______________________________

D O **97** In einer Tischlerei wird eine 3 m lange Holzleiste bearbeitet. Zunächst werden an beiden Enden jeweils 14 cm abgesägt. Danach werden an beiden Enden noch jeweils 2 mm abgeschliffen. Wie lang ist die Holzleiste nach der Bearbeitung? Schreibe die gesamte Rechnung an!

Rechnung:

Antwort: ______________________________

D O **98** Ein 6,12 m langer Draht soll in lauter gleichlange Stücke zu je 34 cm geteilt werden. Wie viele dieser Stücke erhält man auf diese Weise? Schreibe die gesamte Rechnung an!

Rechnung:

Antwort: ______________________________

D O A **99** Nomsa hat ausreichend Stäbe von 3 dm und 5 dm Länge. Sie behauptet, dass sie unter Verwendung von genau fünf dieser Stäbe Strecken von **1)** 15 dm, **2)** 21 dm, **3)** 9 dm, **4)** 1 dm abmessen kann. Wie macht sie das?

1) ______________________________

2) ______________________________

3) ______________________________

4) ______________________________

Massenmaße

I **100** Ergänze den Text durch Zuordnen der Massenmaße!

Ein ________________ schwerer Sessel wird auf einen Lastwagen geladen, der ___________ wiegt. Dem ________________ schweren Fahrer fällt das Handy aus der Hand, das genau ___________ wiegt, während er den ________________ leichten Bestellschein zusammenfaltet. Anschließend fährt er den Lastwagen zum Flughafen, wo dieser in ein _____________ schweres Flugzeug verladen wird. Vor dem Start setzt sich eine Taube, die ________________ wiegt, auf den Flugzeugflügel, doch das Tier fliegt davon, bevor das Flugzeug startet.

10 g | 60 t | 800 g | 10 kg | 5 t | 85 kg | 12 dag

D **101** Ergänze die Tabelle!

kg		dag	g	Masse in kg	Masse in dag	Masse in g
7	5		1			
				2,037		
					0,4	
						6

D **102** Schreibe die angegebene Masse mehrnamig an!

a) 9,837 kg = ________________

b) 0,014 kg = ________________

c) 663 dag = ________________

d) 29 g = ________________

e) 5,007 g = ________________

f) 2748 mg = ________________

D **103** Schreibe die angegebene Masse in der Maßeinheit Kilogramm an!

a) 380 dag = ________________

b) 47 dag = ________________

c) 5 kg 4 dag 1 g = ________________

d) 367 200 mg = ________________

e) 15 g 629 mg = ________________

f) 0,451 t = ________________

D **104** Schreibe die angegebene Masse in der Maßeinheit Dekagramm an!

a) 0,7 kg = ________________

b) 3 kg 20 g = ________________

c) 150 g = ________________

d) 73 900 mg = ________________

D **105** Schreibe die angegebene Masse in der Maßeinheit Gramm an!

a) 9 kg 1 dag = ____________ c) 3 mg = ____________

b) 0,005 kg = ____________ d) 4 500 mg = ____________

D **106** Schreibe die angegebene Masse in der Maßeinheit Milligramm an!

a) 8 g = ____________ c) 8 dg 3 cg = ____________

b) 23 dag 1 g = ____________ d) 300 cg = ____________

D **107** Schreibe die angegebene Masse in der Maßeinheit Tonne an!

a) 8 300 kg = ____________ c) 28,5 kg = ____________

b) 6 t 3 kg 10 dag = ____________ d) 40 dag = ____________

D I **108** Welche Angabe entspricht dem angeführten Massenmaß? Kreuze an!

a) 8,34 kg	☐ 834 dag	☐ 0,834 t	☐ 83,4 g	☐ 8 340 mg
b) 0,03 dag	☐ 3 kg	☐ 3 g	☐ 300 mg	☐ 0,000 003 t
c) 12 mg	☐ 0,012 t	☐ 0,012 kg	☐ 0,012 dag	☐ 0,012 g
d) 7801 g	☐ 78 010 mg	☐ 0,7801 t	☐ 7,801 kg	☐ 78,01 dag

O A **109** Ein kleiner Lastenaufzug darf mit höchstens 70 kg beladen werden. Es werden ein altes Fernsehgerät mit 23 kg, eine Holzkiste mit 6,3 kg, vier Sessel mit je 4,8 kg sowie zwei Kopiergeräte mit je 10,3 kg daraufgestellt. Wurde der Aufzug überlastet? Begründe die Antwort durch eine Rechnung!

Rechnung:

Antwort: ____________

D O **110** Ein Paket wiegt 4,8 kg (Bruttomasse). Davon macht die Verpackung 65 dag aus (Taramasse). Berechne die Nettomasse des Pakets, dh. die Masse des Paketinhalts!

Rechnung:

O **111** Ein Golfball wiegt 4,5 dag. Gib die Masse von 150 Golfbällen in der Einheit Kilogramm an!

Rechnung:

O **112** Eine Tablette enthält 20 mg eines Wirkstoffs. Wie viele Tabletten kann man aus 2,4 kg Wirkstoff herstellen? Schreibe die Rechnung an!

Rechnung:

Antwort: ______________________________

D O I **113** Ein Ziegelstein wiegt 1 kg plus die Hälfte seiner Masse. Wie viel wiegt der Ziegelstein? (**Hinweis:** 1,5 kg als Antwort ist falsch.)

Der Ziegelstein wiegt ____________________.

Temperatur

I **114** Lies die angezeigte Temperatur ab und schreibe den Wert in Grad Celsius an!

a)
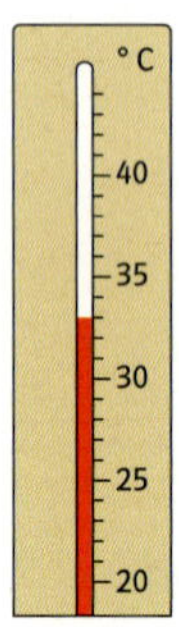

b)
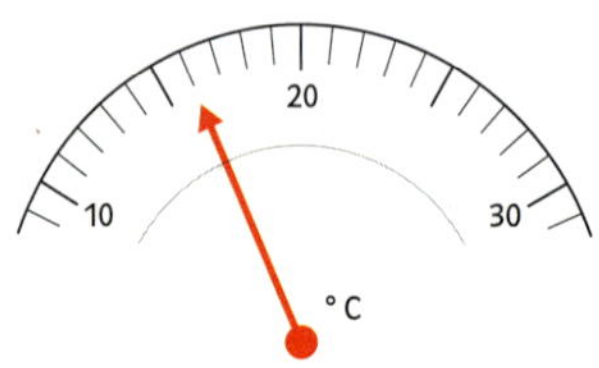

c)
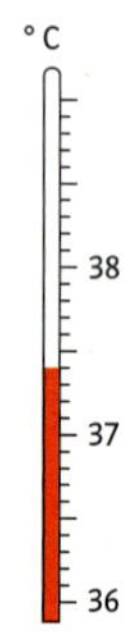

d)
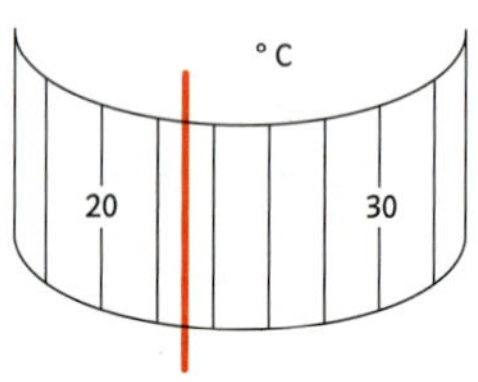

__________ __________ __________ __________

D **115** Schreibe die angegebene Temperatur in Zehntelgraden an!

a) 0,3 °C sind __________ Zehntelgrade

b) 0,5 °C sind __________ Zehntelgrade

c) 1,7 °C sind __________ Zehntelgrade

d) 5 °C sind __________ Zehntelgrade

D **116** Schreibe die angegebene Temperatur in Grad Celsius an!

a) 2 Zehntelgrade sind __________ °C

b) 9 Zehntelgrade sind __________ °C

c) 28 Zehntelgrade sind __________ °C

d) 60 Zehntelgrade sind __________ °C

O **117** Ergänze den Text!
Nach dem Einschalten der Heizung ist die Temperatur des Wohnzimmers nach einer Stunde von 19,2 °C um __________ °C auf 22,1 °C gestiegen. In der Nacht wird diese Temperatur um 46 Zehntelgrade auf __________ °C gesenkt.

O **118** Um 12 Uhr mittags hat es in Innsbruck 24,6 °C und in St. Pölten 31,3 °C. Berechne den Temperaturunterschied in Grad Celsius!

____

Zeit

D I **119** Lies die angezeigte Uhrzeit ab und schreibe sie an! (Hinweis: Es gibt zwei Möglichkeiten.)

a) 

_____ : _____ oder _____ : _____

b) 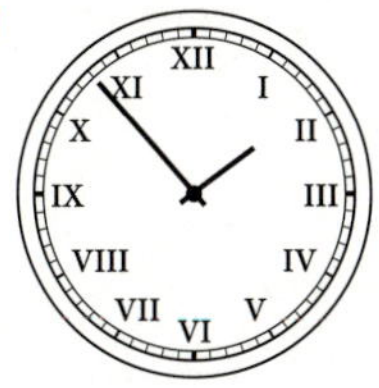

_____ : _____ oder _____ : _____

c) 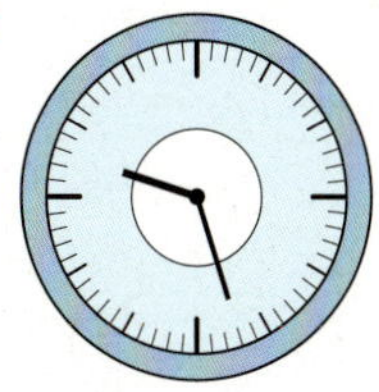

_____ : _____ oder _____ : _____

d) 

_____ : _____ oder _____ : _____

D **120** Gib in Sekunden an!

a) 2 min = _______ s
b) 4 min = _______ s
c) 10 min = _______ s
d) 1 min 30 s = _______ s
e) 2 min 50 s = _______ s
f) 3 min 10 s = _______ s
g) 0,5 min = _______ s
h) 8,5 min = _______ s
i) 0,1 min = _______ s

D **121** Gib in Minuten an!

a) 3 h = _______ min
b) 4 h 30 min = _______ min
c) 7h 20 min = _______ min
d) 0,2 h = _______ min
e) 2,5 h = = _______ min
f) 4,7 h = _______ min
g) 6 s = _______ min
h) 45 s = _______ min
i) 360 s = _______ min

D **122** Gib in Stunden an!

a) 45 min = _______ h
b) 90 min = _______ h
c) 540 min = _______ h
d) 3 d = _______ h
e) 5,5 d = _______ h
f) 7 d = _______ h
g) 2 d 1 h = _______ h
h) 4 d 20 h = _______ h
i) 12 d 23 h = _______ h

I **123** Ergänze den Text durch Zuordnen der Begriffe!

Mit der Frage __________ will man einen Zeitpunkt wissen. Mit der Frage ______________ will man eine Zeitdauer, eine ______________ zwischen zwei ______________ wissen.

Zeitpunkten *„Wie lange?"* *Zeitspanne* *„Wann?"*

O **124** Zoe macht eine Wanderung. Sie startet um 8.35 Uhr, macht von 10.41 Uhr bis 11.17 Uhr eine Pause, und marschiert dann weiter bis 13.04 Uhr. Berechne die reine Gehzeit!

____

O **125** Marc fährt mit dem Bus um 7.40 Uhr von zuhause weg. Um 8.12 Uhr kommt der Bus am Bahnhof an. Dort wartet Marc 13 Minuten auf den Zug. Mit diesem ist er genau eine Stunde und drei Minuten unterwegs. Nach weiteren vier Minuten Gehweg ist er an seinem Ziel angekommen. Um wie viel Uhr hat Marc dieses Ziel erreicht? Schreibe die gesamte Rechnung an!

Rechnung:

Antwort: ______________________________

D O **126** Ein Schlosserlehrling soll eine Eisenstange in fünf gleich lange Teile zerschneiden. Für jeden Schnitt braucht er zwei Minuten. Wie lang braucht er für die gesamte Arbeit?

____

D O **127** Marianne hat es geschafft, sie ist pünktlich: Sie musste genau so viele Minuten vor 12 Uhr am Bahnhof sein, wie es 50 Minuten zuvor genau so viele Minuten nach 10 Uhr war. Welche Uhrzeit zeigt die Bahnhofsuhr in diesem Moment für Marianne an?

:

D A **128** Zu Mittag fährt ein Autobus von A Richtung B ab. Eine Stunde später fährt auf derselben Straße, aber viel langsamer, ein Radfahrer von B ab Richtung A. Wer von beiden wird weiter von A entfernt sein, wenn sich Autobus und Radfahrer auf der Straße treffen? Begründe die Antwort!

____

____

D O **129** Ein Zug ist mit annähernd gleichbleibender Geschwindigkeit eine 400 km lange Etappe unterwegs. Herr Eisele schläft nach der Hälfte der Fahrtstrecke ein. Als er wach wird, stellt er fest, dass er noch genau so lang zu fahren hat, wie er geschlafen hat. Wie viele Kilometer lang hat er geschlafen?

Antwort: ______________________________

O A **130** Kann man, wenn es um Mitternacht regnet, erwarten, dass nach 72 Stunden am selben Ort sonniges Wetter herrscht? Begründe die Antwort!

Antwort: ______________________________

D O **131** Zwei Uhren werden gleichzeitig in Gang gesetzt. Die eine geht pro Stunde zwei Minuten nach, die andere pro Stunde eine Minute vor. Wie lang wird es dauern, bis der Zeitunterschied der beiden Uhren zum ersten Mal genau eine Stunde beträgt?

Rechnung:

Antwort: ______________________________

Zahlen in Bruchdarstellung

D I **132** Welcher Teil des Ganzen ist färbig markiert? Gib die Zahl in Bruchdarstellung an!

D **133** Markiere im Quadrat den angegebenen Bruchteil!

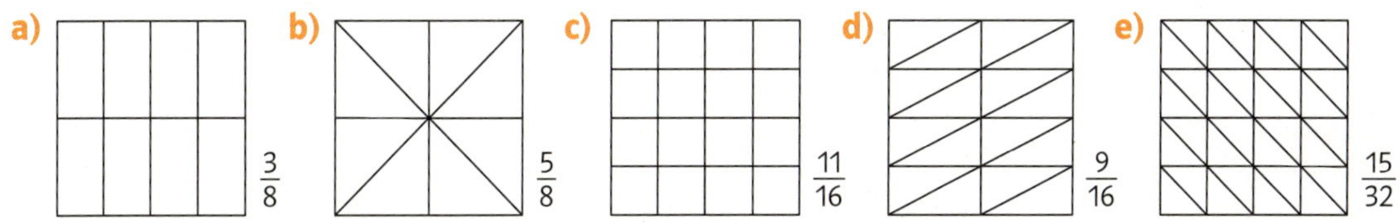

D **134** Markiere im Kreis den angegebenen Bruchteil!

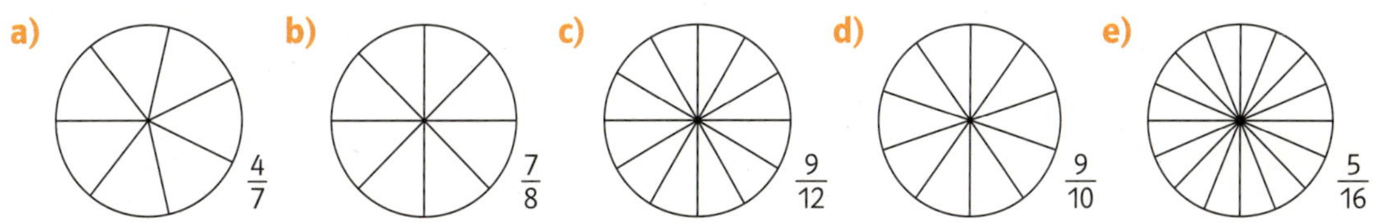

D **135** Markiere den angegebenen Bruchteil des Ganzen!

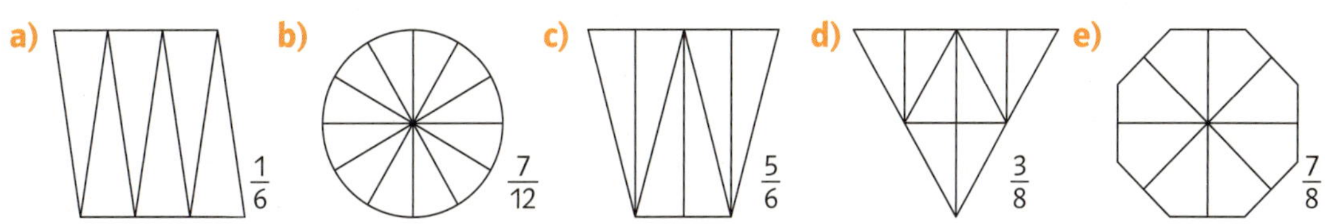

D **136** Markiere je einen der Bruchteile $\frac{5}{8}$, $\frac{11}{16}$, $\frac{3}{7}$, $\frac{7}{10}$, $\frac{5}{12}$ im Kreis mit der passenden Unterteilung!

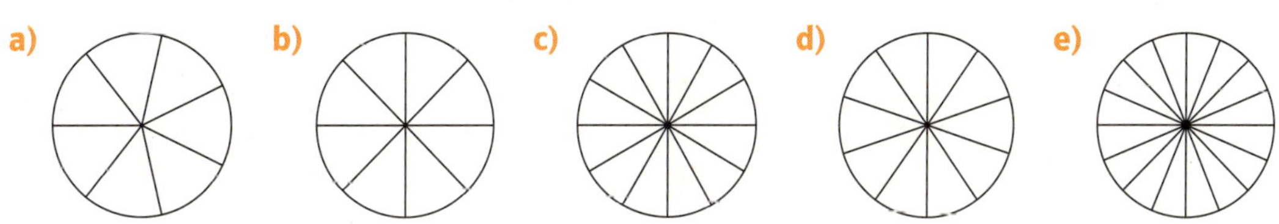

D **137** Markiere je einen der Bruchteile $\frac{7}{8}$, $\frac{13}{16}$, $\frac{4}{9}$, $\frac{5}{6}$ in der Figur mit der passenden Unterteilung!

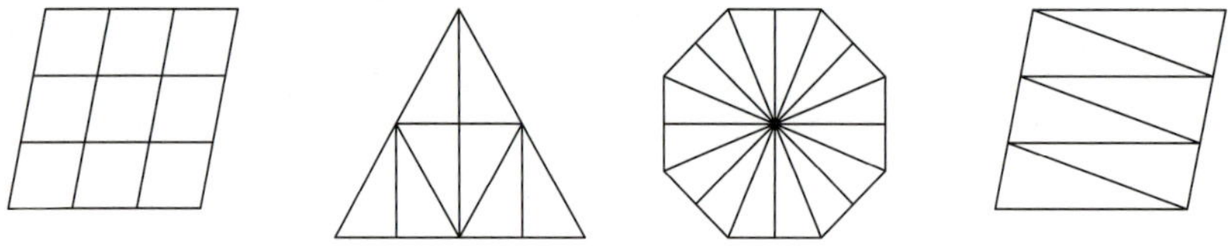

D O **138** Gib jeweils als Bruchteil an!

a) In der 1C sind 13 Schülerinnen und 11 Schüler. Schülerinnen: ________, Schüler: ________

b) Von den 24 Schülerinnen und Schülern haben 15 die Fahrradprüfung, 19 können Schifahren und 7 spielen ein Musikinstrument.

Fahrradprüfung: ________ Schifahren: ________ Musikinstrument: ________

D O **139** Gib jeweils als Bruchteil an!

a) In der 1B sind 12 Schülerinnen und 13 Schüler. Schülerinnen: ________, Schüler: ________

b) Von den 25 Schülerinnen und Schülern haben 7 eine Katze, 4 einen Hund, 2 eine Ratte und 6 Meerschweinchen als Haustiere.

Katze: ________ Hund: ________ Ratte: ________ Meerschweinchen: ________

O I **140** Wie viel fehlt auf ein Ganzes?

a)  ________

b)  ________

c) 

____

d)  ________

e) 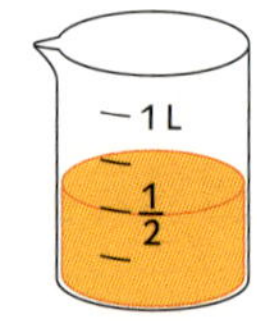

____

O I **141** Wie viel fehlt auf ein Ganzes?

a) 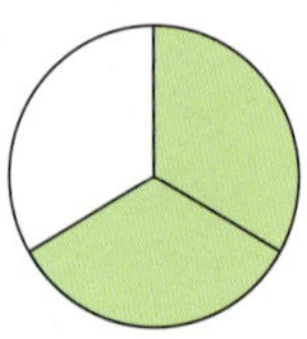 ________

b) 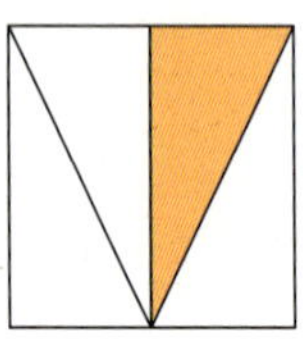 ________

c) 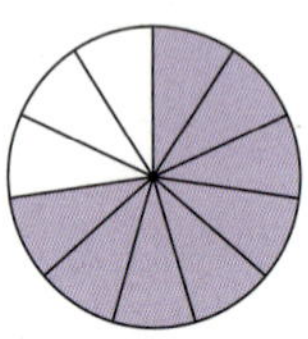 ________

d)  ________

e) 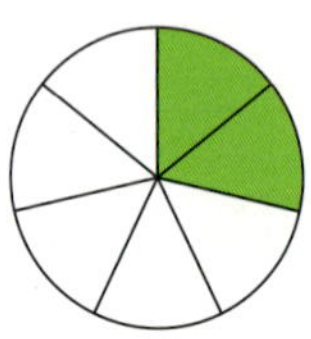 ________

O I **142** Markiere die Zahlen in Bruchdarstellung, die weniger als ein Ganzes sind, mit blauer Farbe, die genau ein Ganzes sind, mit roter und die mehr als ein Ganzes sind, mit grüner Farbe!

$\frac{3}{4}$ $\frac{7}{8}$ $\frac{9}{5}$ $\frac{2}{2}$ $\frac{13}{12}$ $\frac{11}{11}$ $\frac{8}{7}$ $\frac{5}{6}$ $\frac{7}{3}$ $\frac{4}{4}$ $\frac{6}{5}$ $\frac{5}{7}$ $\frac{3}{2}$ $\frac{2}{3}$

D I **143** Gib die verschiedenen Darstellungen der Zahl 3 an:

1) 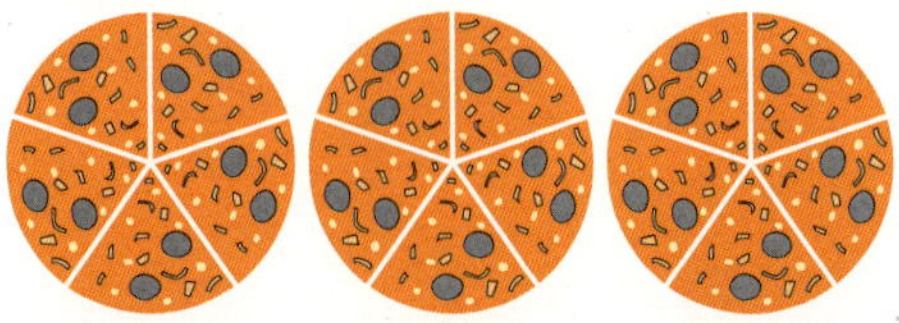 ________

3) 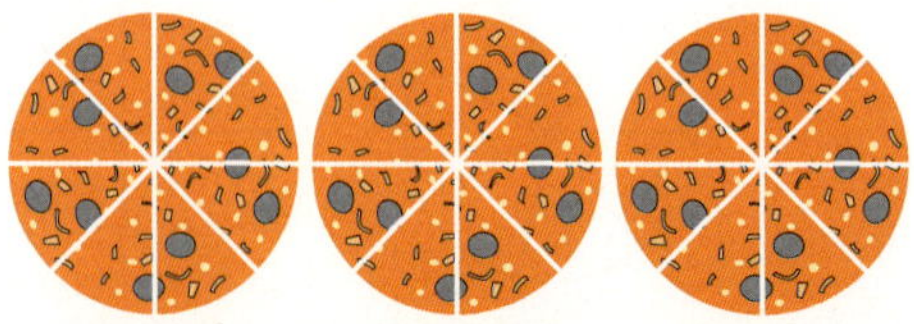 ________

2) 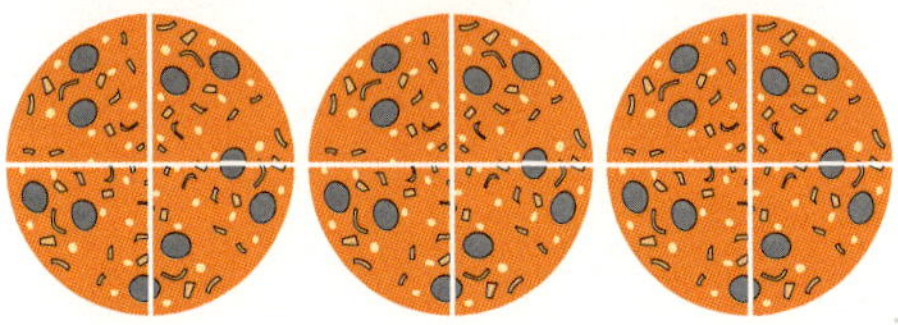 ________

4) 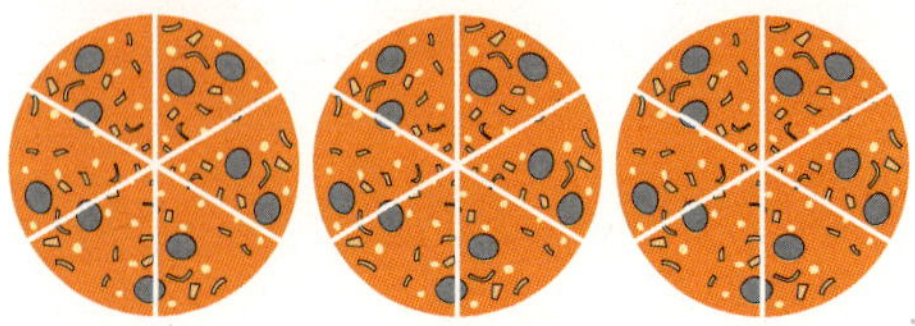 ________

D I 144 Wie viele Ganze sind enthalten? Schreibe die Zahlen **1)** in Bruchdarstellung, **2)** in der gemischten Form an!

a) sieben Viertelliter Saft: ______ = ______

b) fünf halbe Pizzas: ______ = ______

c) fünf $\frac{1}{4}$ kg-Packungen Nüsse: ______ = ______

d) neun Achtel Tortenstücke: ______ = ______

D I 145 Wie viele Ganze sind enthalten? Schreibe die Zahlen **1)** in der Bruchdarstellung, **2)** in der gemischten Form an!

a) fünf $\frac{1}{4}$ kg Butter: ______ = ______

b) sieben Apfelhälften: ______ = ______

c) acht $\frac{1}{5}$ kg-Packungen Beeren: ______ = ______

d) elf Achtel Apfelsaft: ______ = ______

D I 146 Gib die verschiedenen Darstellungen der Zahl $\frac{1}{2}$ an!

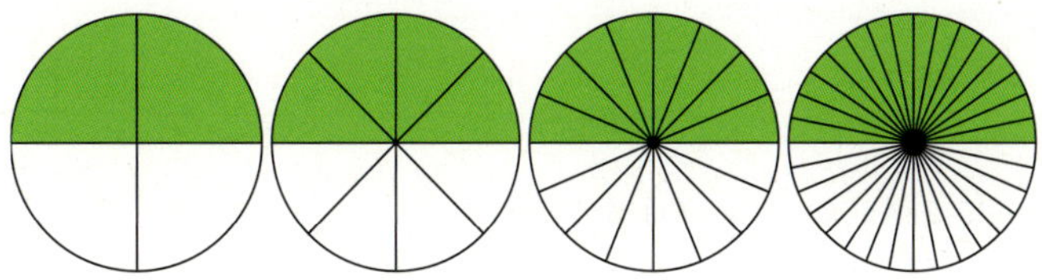

$\frac{1}{2}$ = ________ ________ ________ ________

A 147 Welche Begründungen dafür, dass dieselbe Zahl dargestellt ist, sind richtig? Kreuze an!

Es handelt sich um dieselbe Zahl, wenn …

- … die Anzahl der Teile eines Ganzen verdoppelt und ebenfalls die Anzahl der markierten Teile verdoppelt wird. ☐
- … der Zähler eines Bruches verdoppelt wird und der Nenner gleich bleibt. ☐
- … bei verschiedenen Kreisdarstellungen der Anteil der färbig markierten Fläche gleich groß ist. ☐
- … man den Zähler und den Nenner eines Bruches mit derselben Zahl multipliziert. ☐
- … der Zähler eines Bruches verdoppelt und der Nenner verdreifacht wird. ☐

I 148 Kreuze jene Zahlen an, die den färbig markierten Teil des Ganzen darstellen!

a)

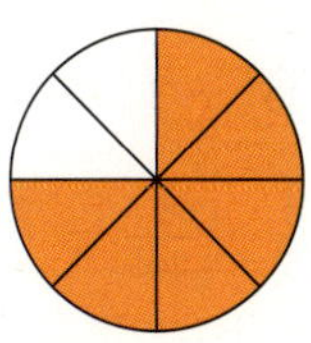

☐ $\frac{4}{3}$ ☐ $\frac{6}{8}$ ☐ $\frac{3}{4}$ ☐ $\frac{8}{6}$ ☐ $\frac{6}{10}$

b)

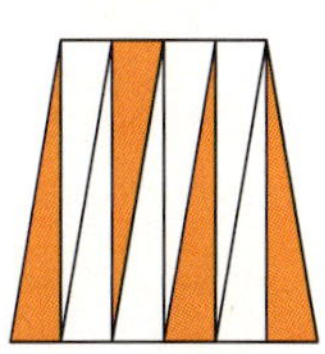

☐ $\frac{4}{10}$ ☐ $\frac{4}{9}$ ☐ $\frac{3}{5}$ ☐ $\frac{2}{5}$ ☐ $\frac{10}{4}$

c)

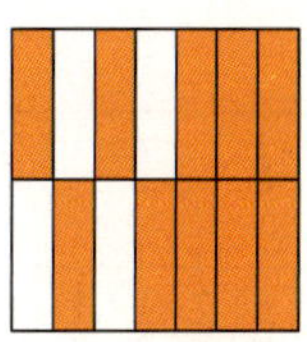

☐ $\frac{9}{14}$ ☐ $\frac{5}{7}$ ☐ $\frac{10}{12}$ ☐ $\frac{10}{14}$ ☐ $\frac{14}{10}$

d)

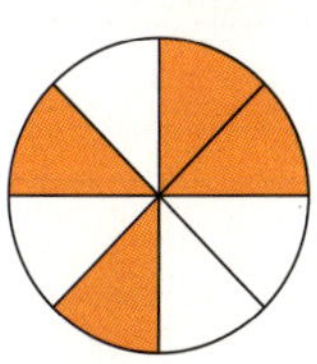

☐ $\frac{5}{8}$ ☐ $\frac{4}{7}$ ☐ $\frac{1}{2}$ ☐ $\frac{4}{8}$ ☐ $\frac{2}{4}$

D I **149**

a) Welche Zahlen sind durch Markierungen auf dem Zahlenstrahl dargestellt?
Gib diese **1)** in Bruchdarstellung, **2)** in Dezimaldarstellung an!

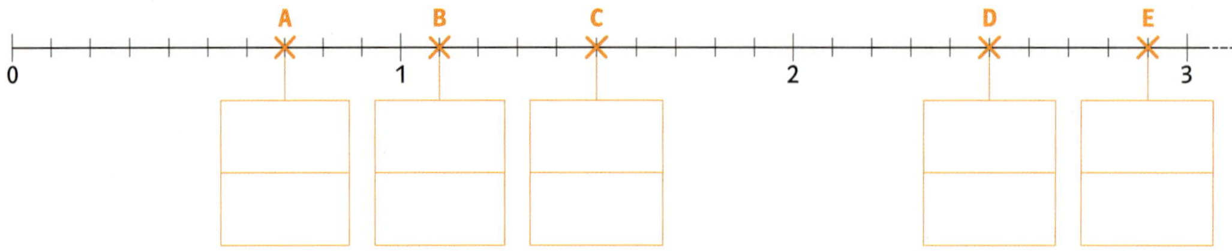

b) Gib drei Zahlen an, die zwischen A und B liegen! ________, ________, ________

D I **150**

a) Welche Zahlen sind durch Markierungen auf dem Ausschnitt des Zahlenstrahls dargestellt?
Gib diese **1)** in Bruchdarstellung, **2)** in Dezimaldarstellung an!

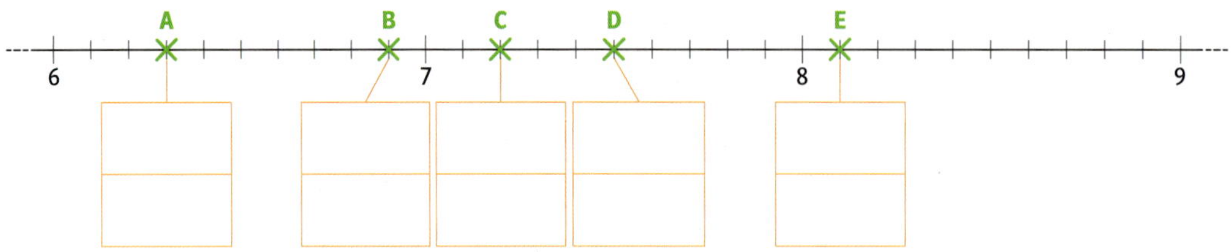

b) Gib drei Zahlen an, die zwischen A und B liegen! ________, ________, ________

D I **151**

a) Welche Zahlen sind durch Markierungen auf dem Zahlenstrahl dargestellt?
Gib diese **1)** in Bruchdarstellung, **2)** in Dezimaldarstellung an!

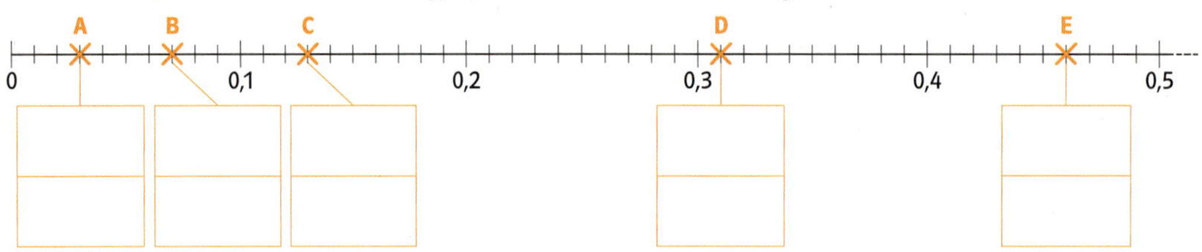

b) Gib drei Zahlen an, die zwischen den Zahlen C und D liegen! ________, ________, ________

c) Gib drei Zahlen an, die zwischen D und E liegen! ________, ________, ________

O I A **152**

1) Vergleiche die Zahlen anhand der Darstellung auf dem Zahlenstrahl und setze „<", „>" oder „=" richtig ein!

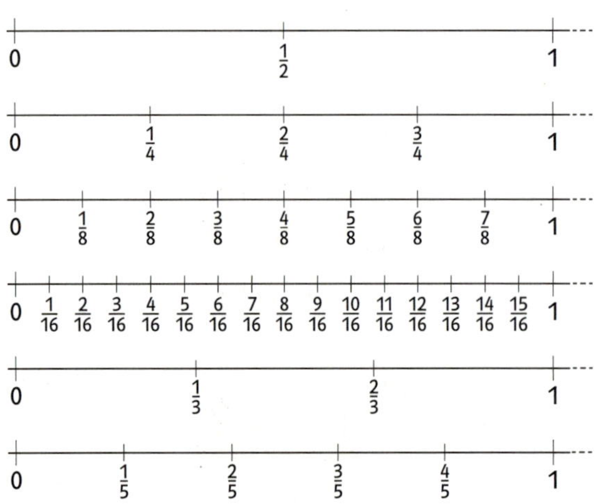

a) $\frac{1}{2}$ ___ $\frac{4}{8}$ **e)** $\frac{7}{8}$ ___ $\frac{15}{16}$ **i)** $\frac{1}{5}$ ___ $\frac{3}{16}$ **m)** $\frac{1}{3}$ ___ $\frac{5}{16}$

b) $\frac{3}{4}$ ___ $\frac{3}{8}$ **f)** $\frac{13}{16}$ ___ $\frac{2}{3}$ **j)** $\frac{3}{4}$ ___ $\frac{12}{16}$ **n)** $\frac{1}{4}$ ___ $\frac{2}{5}$

c) $\frac{1}{2}$ ___ $\frac{2}{5}$ **g)** $\frac{3}{8}$ ___ $\frac{6}{16}$ **k)** $\frac{2}{3}$ ___ $\frac{3}{4}$ **o)** $\frac{1}{4}$ ___ $\frac{4}{16}$

d) $\frac{1}{5}$ ___ $\frac{4}{5}$ **h)** $\frac{1}{3}$ ___ $\frac{2}{5}$ **l)** $\frac{7}{8}$ ___ $\frac{4}{5}$ **p)** $\frac{6}{16}$ ___ $\frac{2}{5}$

2) Erkläre, wie man in den Aufgaben **b)**, **c)**, bzw. **d)** die Zahlen in Bruchdarstellung vergleichen kann, wenn der Zahlenvergleich ohne Darstellung auf dem Zahlenstrahl erfolgen soll!

D I **153** Gib eine weitere Bruchdarstellung der markierten Zahl an!

a) b) c) d)

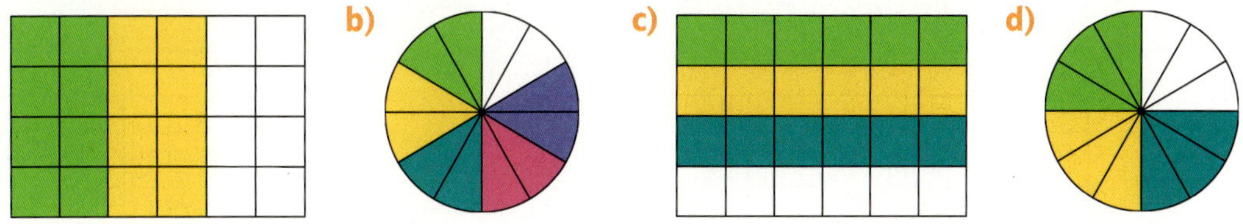

a) $\frac{2}{3} =$ ______ b) $\frac{5}{6} =$ ______ c) $\frac{3}{4} =$ ______ d) $\frac{3}{4} =$ ______

D I **154** Gib den gefärbten Bruchteil **1)** in Bruchdarstellung, **2)** in Dezimaldarstellung an!

a) b) c) d) e)

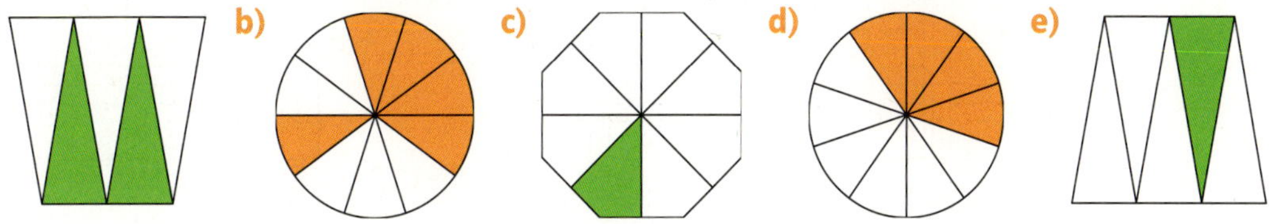

______ ______ ______ ______ ______

D I **155** Gib den gefärbten Bruchteil **1)** in Bruchdarstellung, **2)** in Dezimaldarstellung an!

a) b) c) d) e)

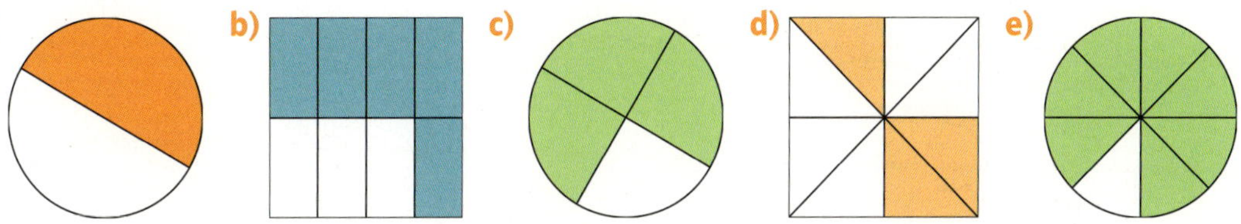

______ ______ ______ ______ ______

D **156** Gib die Zahl in Dezimaldarstellung an und veranschauliche sie grafisch!

a) $\frac{6}{10} =$ ______ b) $\frac{39}{100} =$ ______ c) $\frac{78}{100} =$ ______ d) $\frac{2}{10} =$ ______ e) $\frac{5}{100} =$ ______

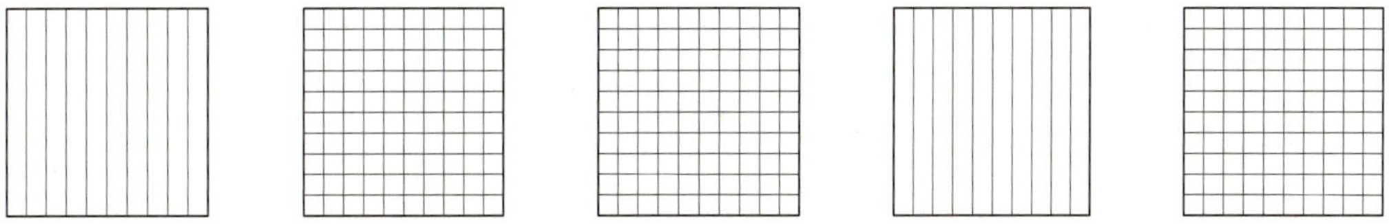

D **157** Gib die Zahl in zwei weiteren Darstellungen an und veranschauliche sie grafisch!

a) $2\frac{3}{10} =$ ______ = ______

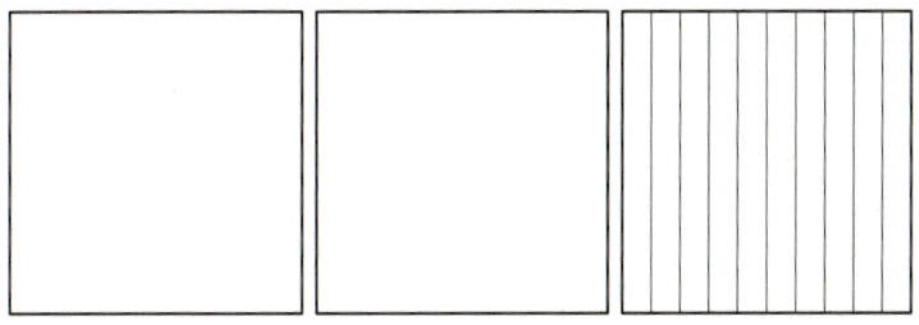

c) 1,7 = ______ = ______

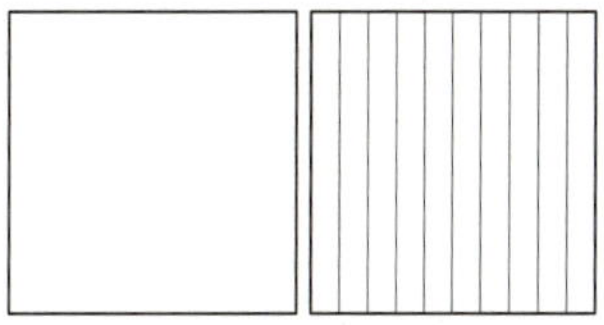

b) 27z = ______ = ______

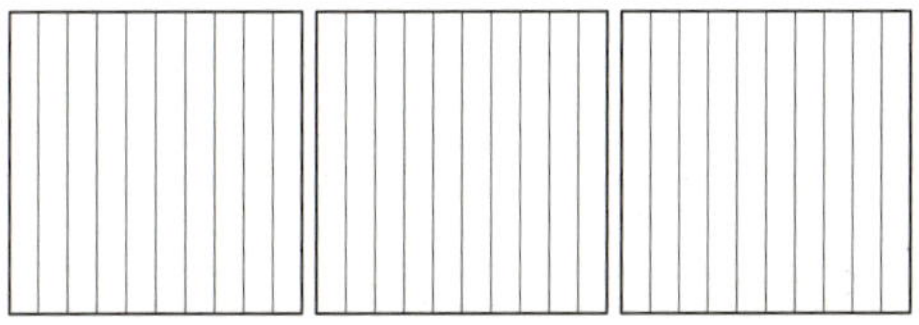

d) $\frac{18}{10} =$ ______ = ______

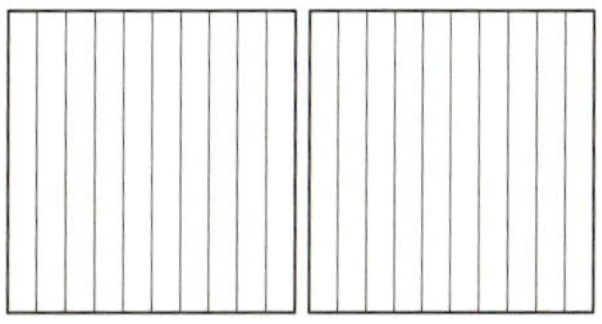

D **158** Gib die Zahl in zwei weiteren Darstellungen an und veranschauliche sie grafisch!

a) $\frac{237}{100}$ = ________ = ________

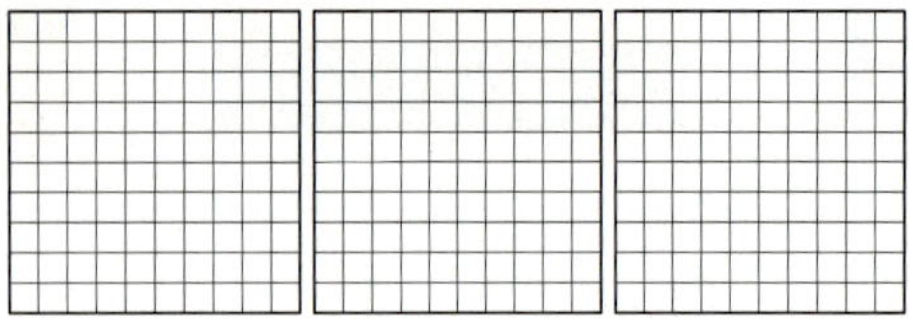

c) 1,28 = ________ = ________

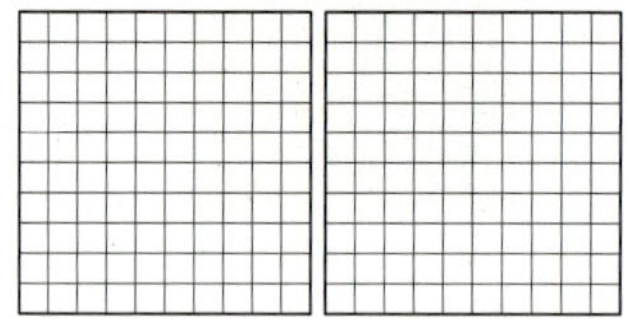

b) $2\frac{42}{100}$ = ________ = ________

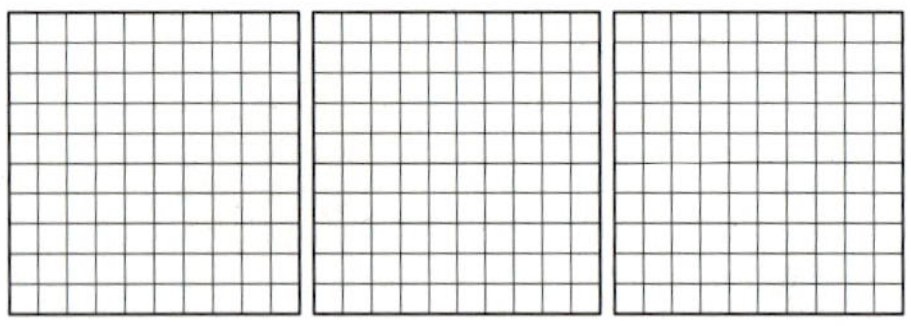

d) $\frac{17}{10}$ = ________ = ________

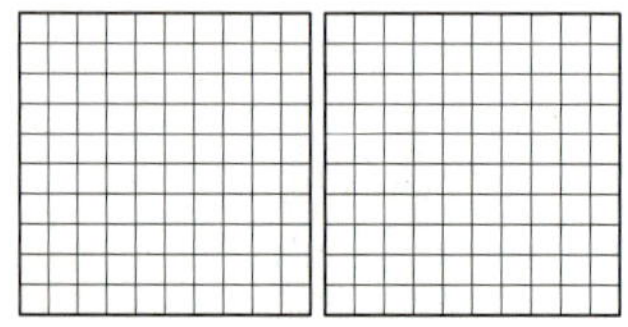

D I **159** In jeder „Wolke" verstecken sich verschiedene Darstellungen derselben Zahl. Ordne folgende Zahlen in Bruch- oder Dezimaldarstellung der passenden „Wolke" zu!

$\frac{3}{4}$ | $\frac{30}{20}$ | $\frac{6}{8}$ | $\frac{3}{2}$ | $\frac{1}{5}$ | $\frac{2}{10}$ | $1\frac{1}{2}$ | 0,75 | $\frac{75}{100}$ | $\frac{3}{15}$ | 0,2 | $\frac{150}{100}$ | 1,5

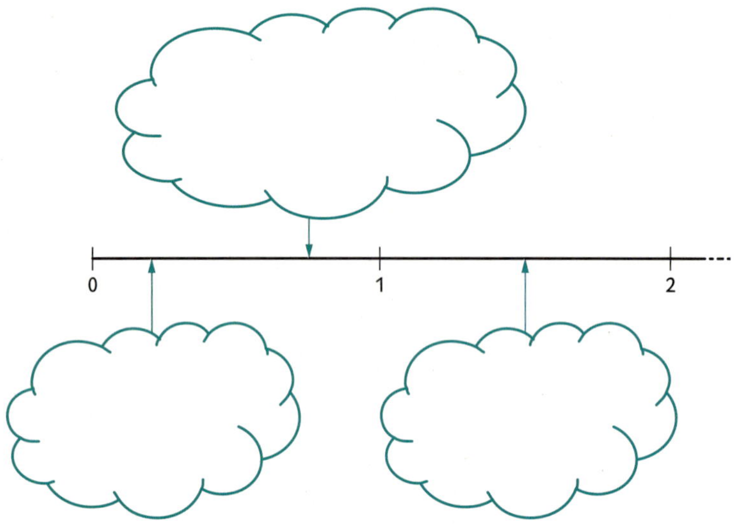

D **160** 1) Trage auf dem Zahlstrahl $1\frac{1}{10}$, $\frac{1}{2}$, $2\frac{2}{5}$, $\frac{9}{10}$, $2\frac{8}{10}$ und $1\frac{9}{10}$ ein!

2) Gib die Zahlen in Dezimaldarstellung an!

____

D **161** 1) Trage auf dem Ausschnitt des Zahlenstrahls $8\frac{3}{5}$, $7\frac{7}{10}$, $6\frac{1}{2}$, $8\frac{3}{10}$, $7\frac{4}{5}$ und $6\frac{1}{10}$ ein!

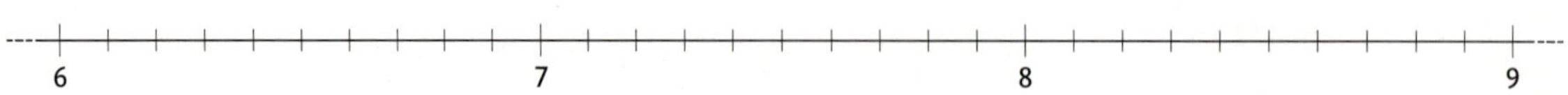

2) Gib die Zahlen in Dezimaldarstellung an!

____

D **162**

1) Trage auf dem Zahlenstrahl $\frac{22}{100}$, $\frac{41}{100}$, $\frac{3}{10}$, $\frac{3}{100}$, $\frac{17}{100}$ und $\frac{9}{100}$ ein!

2) Gib die Zahlen in Dezimaldarstellung an!

____

D **163**

1) Trage auf dem Ausschnitt des Zahlenstrahls $\frac{67}{100}$, $\frac{48}{100}$, $\frac{77}{100}$, $\frac{5}{10}$, $\frac{8}{10}$ und $\frac{83}{100}$ ein!

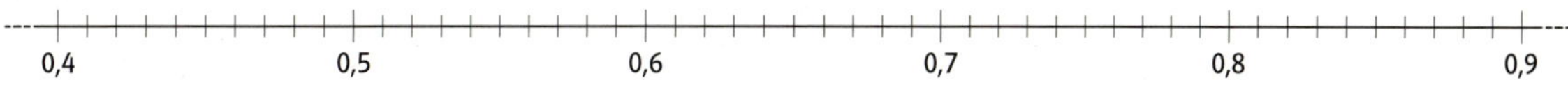

2) Gib die Zahlen in Dezimaldarstellung an!

____

D **164**

1) Trage auf dem Ausschnitt des Zahlenstrahls $\frac{78}{100}$, $\frac{9}{10}$, $1\frac{3}{100}$, $\frac{103}{100}$ und $1\frac{17}{100}$ ein!

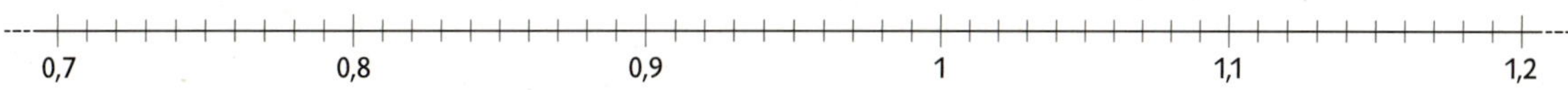

2) Gib die Zahlen in Dezimaldarstellung an!

____

O I **165**

Schreibe die passende Rechnung an und berechne!

a)

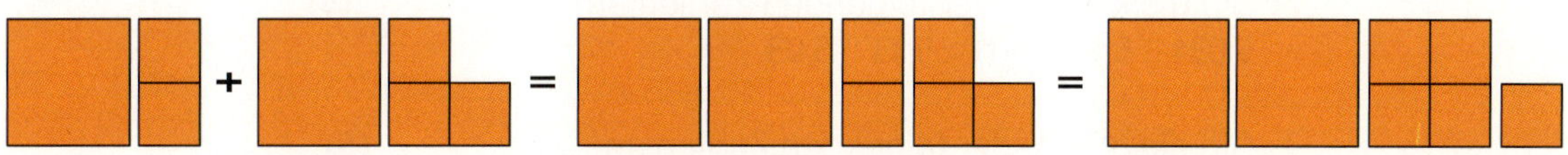

____ + ____ = ____ = ____

b)

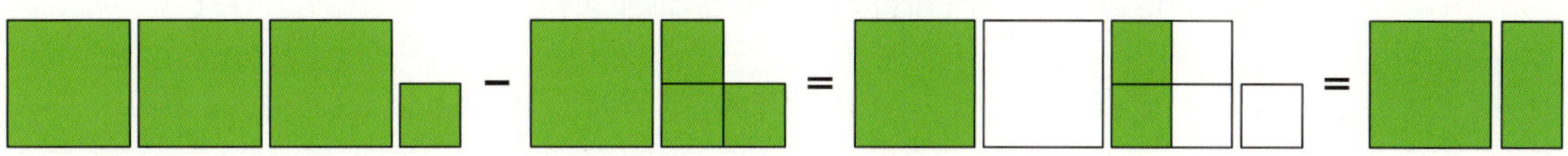

____ − ____ = ____ = ____

O I **166**

Schreibe die passende Rechnung an und berechne:

a)

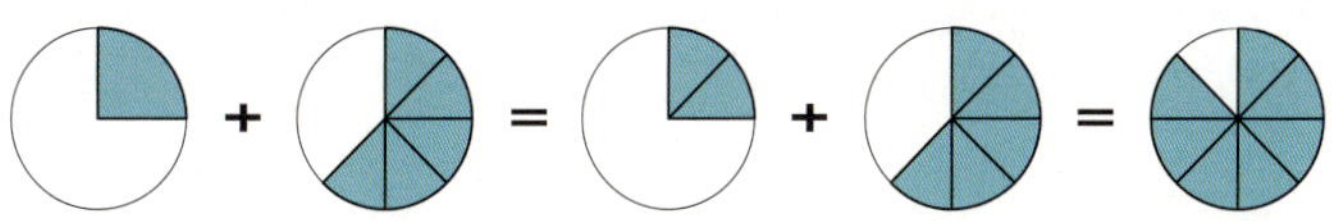

____ + ____ = ____ + ____ = ____

b)

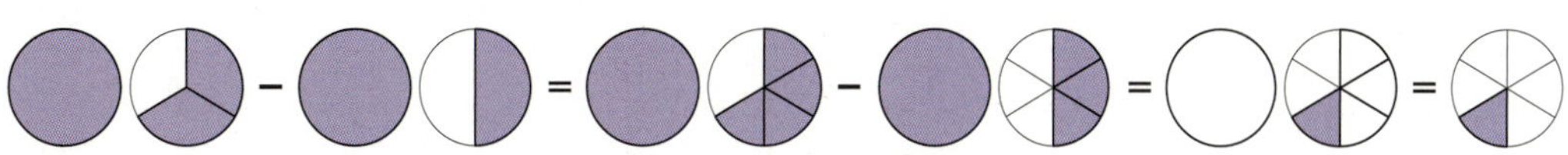

____ − ____ = ____ − ____ = ____ = ____

O **167**

Marlene besucht ihre Freundin Sarah. Sie fährt eine Viertelstunde mit dem Bus. Nach dem gemeinsamen Essen, das eine halbe Stunde dauert, machen die Freundinnen eine Dreiviertelstunde lang Hausübungen. Dann spielen sie eine Stunde lang im Park. Die Heimfahrt für Marlene dauert wiederum eine Viertelstunde. Wie lang war Marlene unterwegs?

O **168** René trifft sich mit drei Freunden. Zur Begrüßung füllt er aus einer Flasche mit $1\frac{1}{2}$ Liter Apfelsaft dreimal $\frac{1}{4}$ Liter Apfelsaft ab. Wie viel Liter Saft bleibt in der Flasche? ______

O I **169** Schreibe die passende Rechnung an und berechne:

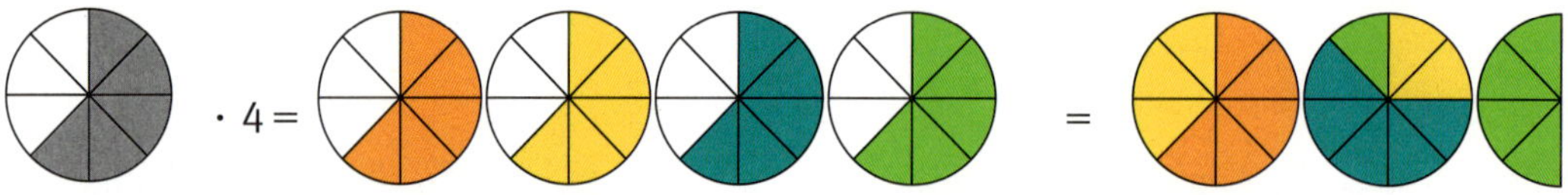

______ · 4 = ______ + ______ + ______ + ______ = ______

O I **170** Schreibe eine passende Rechnung an und berechne!

a)

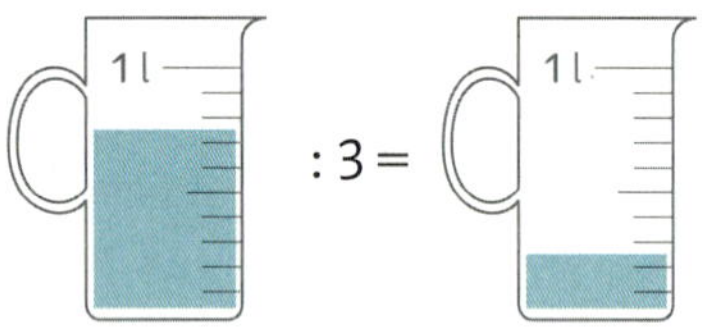

______ : 3 = ______

b)

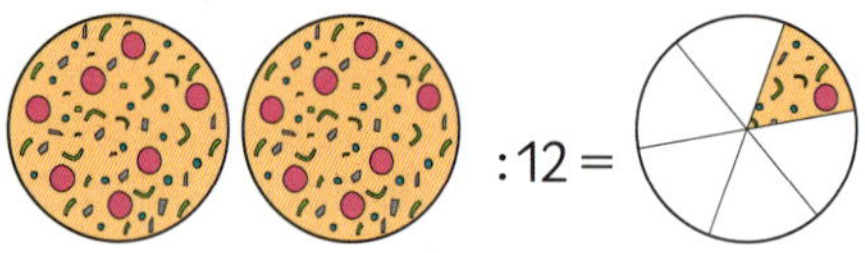

______ : 12 = ______

D O I **171**

1) Schreibe die Zahl in Dezimaldarstellung an!

$\frac{7}{10}$ = ______ **(1)** $4\frac{29}{100}$ = ______ **(2)** $5\frac{31}{1000}$ = ______ **(3)** $8\frac{15}{100}$ = ______ **(4)**

2) Gib die kleinste der folgenden Zahlen an! ______ **(5)**
5,031 5,1 5,101 5,13 5,03

3) Gib die größte der folgenden Zahlen an! ______ **(6)**
3,92 4,29 4,092 4,209 3,9

4) Welche Zahl ist um drei Zehntel größer als 0,65? ______ **(7)**

5) Welche Zahl ist um fünf Hundertstel kleiner als 8,2? ______ **(8)**

6) Gib in Dezimaldarstellung an! 5 E 3 z 7 h = ______ **(9)** 3 H 5 Z 2 z 7 h = ______ **(10)**

5 E 3 h 1 t = ______ **(11)** 9 z 7 h = ______ **(12)**

7) Welche der folgenden Zahlen sind gleich groß? ______ **(13)**
9,7 0,97 7,9 0,79 0,970 0,907

A	B	C	D	E	F	G	H	I	J	K	L	M
2,301	0,79	5,37	5,38	4,29	0,97	0,7	350,27	5,031	35,27	0,031	5,38	0,197
N	**O**	**P**	**Q**	**R**	**S**	**T**	**U**	**V**	**W**	**X**	**Y**	**Z**
4,92	20,31	5,31	5,83	0,95	8,15	5,03	0,07	35,207	8,015	5,07	7,9	0,038

Trage die Buchstaben deiner Lösungen ein!

(1)	(2)	(3)	(4)	(5)	(6)	(7)	(8)	(9)	(10)	(11)	(12)	(13)

1 Natürliche Zahlen

1

a) Ja: 0 b) Nein.

2

Man zählt die Knöpfe in einem bestimmten Ausschnitt des Bildes, ermittelt, wie oft dieser Ausschnitt im Bild vorkommt, und vervielfacht dann die Zahl der gezählten Knöpfe dementsprechend. Schätzung: ungefähr 110

3

a) 4, 5, 6, 7, 8, 9, 10, 11
b) 99, 100, 101, 102, 103, 104
c) 14, 15, 16, 17, 18, 19
d) 1289, 1290, 1291, 1292, 1293, 1294, 1295, 1296, 1297, 1298, 1299, 1300

4

a) neun b) fünf c) elf d) unendlich viele

5

a) Vorgänger: 16, Nachfolger: 18
b) Vorgänger: 598, Nachfolger: 600

6

a) 4, 8, 12, 16 und 20
b) 12, 24, 36, 48 und 60

7

784 62 454 970 ~~217~~ 36 ~~455~~ ~~55~~ 238 ~~981~~
190 ~~343~~ ~~239~~ 480 500 ~~907~~ 1000 444 ~~777~~ 4
322 ~~227~~ 8276

8

a) 14, 16, 18, 20
b) 198, 200, 202, 204, 206, 208, 210
c) 45, 47, 49, 51, 53, 55
d) 445, 447, 449

9

richtig: ☒ $5 \in \mathbb{N}$ ☒ $17 \in \mathbb{N}^*$ ☒ $8 \notin \mathbb{N}_u$ ☒ $9 \in \{1, 2, 9, 11\}$

10

a) ☒ 73 b) ☒ 911 c) ☒ 694 d) ☒ 2202

11

a) 764
b) 4001
c) 30490
d) 6004000
e) 9100040
f) 800000100
g) 1004302005
h) 3000000070000

12

In der Zahl 53728 steht die Ziffer 3 an der **Tausenderstelle**. Die Zahl 19406 besteht aus fünf **Ziffern**. Die Ziffer **2** steht in der Zahl 3562 an der Einerstelle. Die Zahl **3** ist der Vorgänger des Doppelten der Zahl 2. 1000 **Tausender** sind eine Million. Zwischen 38 und 44 liegen **5** natürliche **Zahlen** In der Zahl 4344 steht die Ziffer 4 nicht an der **Hunderterstelle**.

13

a) 327 < 372 < 373 < 3702
b) 2013 < 2031 < 2130 < 2310

14

a) 909 > 809 > 98 > 89
b) 680 > 188 > 186 > 168

15

Wochentag	Mittagstemperatur (aufsteigend)
Mittwoch	26 °C
Montag	28 °C
Samstag	29 °C
Donnerstag	30° C
Freitag	31° C
Sonntag	32° C
Dienstag	34° C

16

a) 4, 7, 10
b) 1, 7, 19, 24
c) 15, 35, 50, 75
d) 10, 70, 110, 150
e) 125, 275, 375, 525

17

a) 90, 130, 170, 270
b) 125, 175, 275, 375
c) 450, 700, 950, 1250

18

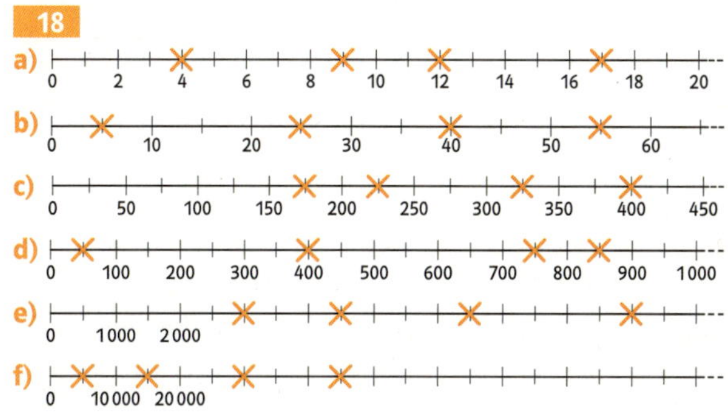

19

Zahl	auf Zehner	Rundungsfehler	auf Hunderter	Rundungsfehler	auf Tausender	Rundungsfehler
58	60	2	100	42	0	58
641	640	1	600	41	1000	359
993	990	3	1000	7	1000	7
1964	1960	4	2000	36	2000	36
8005	8010	5	8000	5	8000	5

20

a) ☒ 5832 ☒ 5752
b) ☒ 17003 ☒ 16952

21

a) ☒ 10224 ☒ 9510
b) ☒ 999445 ☒ 998500

22

a) 57, 63 b) 252, 348 c) 6711, 7289

23

1) Beim Runden auf Hunderter ist die rechtsstehende Ziffer an der Zehnerstelle entscheidend: 4<u>9</u>9 wird auf 500 aufgerundet.
2) Beim Runden auf Tausender ist die rechtsstehende Ziffer an der Hunderterstelle entscheidend: <u>4</u>99 wird auf 0 abgerundet.

2 Mit natürlichen Zahlen rechnen

24
a) 143 b) 267 c) 899 d) 3000 e) 6116

25
25 + 23 + 24 + 25 + 23 = 120; 21 + 25 + 25 + 24 + 24 = 119
„In meiner Schule gehen insgesamt mehr Kinder in die **1.** Klassen als in die **2.** Klassen."

26
a) 186 b) 1000 c) 726 d) 436 e) 707 f) 791

27
1) richtig
2) falsch, korrektes Ergebnis: 753
3) falsch, korrektes Ergebnis: 1479
4) richtig
5) falsch, korrektes Ergebnis: 691

28
a) hin: AD-DE-EF-FH, zurück: HD-DG-GE-EC-CA
b) AC-CD-DE-EB-BA

29
a) 48 b) 34 c) 334 d) 783 e) 55876

30
a) 12 − 5 b) 12 + 7 c) 12 − 12 d) 12 − 4 + 4
e) 12 − 0 bzw. 12 + 0

31
a) 95 b) 441 c) 412 d) 308

32
a) 13 c) 24 e) 23 g) 57
b) 26 d) 188 f) 32 h) 160

33
a) 2 b) 3 c) 3 d) 4

34
a) 692 b) 54 c) 96 d) 880

35
a) 105 − 37 = 68 oder 105 − 68 = 37
b) 159 + 36 = 195 oder 195 − 159 = 36

36
1) 111 − 11 2) 55 + 55 − 5 − 5

37
Zahlen: 45; 55 Kontrolle: 55 + 45 = 100 55 − 45 = 10

38
a) 47 b) 41 c) 324 d) 45

39
a) 45 − (25 + 12) = 8 c) 95 + 34 − (10 + 11 + 12) = 96
b) 100 − (67 − 45) = 78 d) 152 − (100 − 45 − 32) + 18 = 147

40
Das Kommutativgesetz der Addition besagt, dass sich die **Summe** nicht ändert, wenn man die **Summanden** vertauscht. Das Assoziativgesetz besagt, dass sich die **Summe** nicht ändert, wenn man **Summanden** zu **Teilsummen** zusammenfasst.

41
a) Das Kommutativgesetz gilt: Die Summe ändert sich nicht, wenn man die Summanden vertauscht.
b) Das Assoziativgesetz gilt: Die Summe ändert sich nicht, wenn man Summanden zu Teilsummen zusammenfasst.

42
a) 1148 b) 5742 c) 1898 d) 5865 e) 42340

43
a) 9 · 8 = 72 b) 5 · 17 = 85

44
2 · 12 € + 5 · 4 € + 3 · 7 € = 65 €
50 € + 20 € = 70 €
70 € − 65 € = 5 €
Sie bekommt 5 € zurück.

45
a) 28 b) 43 c) 17 d) 11

46
a) 14 b) 3036 c) 76

47
1200 : 100 = 12 60 : 12 = 5
Ihr Wagen verbraucht im Durchschnitt 5 Liter auf 100 Kilometer.

48
a) 7 c) 8 e) 5 g) 16
b) 9 d) 11 f) 15 h) 1000

49
Richtig sind: 6 · 0 = 0 6 : 1 = 6 6 : 6 = 1

50
Die **Subtraktion** ist die Umkehroperation der Addition. Die Multiplikation ist die Umkehroperation der **Division**. Subtraktion und **Addition** sind entgegengesetzte Rechenarten, genauso wie Division und **Multiplikation**.

51
a) 5000 b) 429000 c) 76 d) 910 e) 6000 f) 8000000

52
a) 12 b) 4 c) 46 d) 10

53
a) 120 b) 45 c) 351

54
1) 1. Art: 8 · 5 + 8 · 12 + 8 · 18 2. Art: 8 · (5 + 12 + 18)
2) Rechnung: 40 + 96 + 144 = 8 · 35 = 280 (kg)

55
1) Die Summe bleibt konstant, wenn man einen Summanden um 1 verkleinert und den anderen Summanden um 1 vergrößert.
2) Die Differenz bleibt konstant, wenn man den Minuenden und den Subtrahenden jeweils um 2 verkleinert.
3) Das Produkt bleibt konstant, wenn man einen Faktor mit 2 multipliziert und den anderen Faktor durch 2 dividiert.
4) Der Quotient bleibt konstant, wenn man den Dividenden und den Divisor jeweils durch 10 dividiert.

56
Blau: 538, 210, 757, 3205, 163, 1923, 863, 6653
Orange: 1668, 797, 1986, 784, 1201, 752, 743, 1372
Grün: 1350, 563, 48, 8820, 900, 100, 3
Braun: 12, 55, 30, 8, 860, 2, 74
Violett: 200, 125, 102, 444, 7, 10, 50

3 Zahlen in Dezimaldarstellung

57
b) 50,038
c) 5000,0708
d) 102,40003
e) 0,00003

58

a) 6HT 8ZT 2T 7Z 3E 2z 9h
b) 1Z 2E 7z 4h 3t 9zt 4ht 8m
c) 8M 4HT 8T 7H 2Z 9E 4z 1t
d) 4HT 5ZT 1H 5E 5z 2h 8t 3ht 2m
e) 4M 7ZT 2T 1H 1Z 8E 3z 6h 4t

59

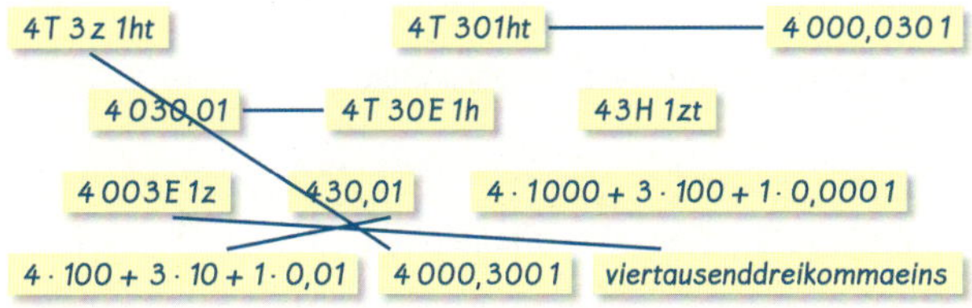

60

0,123 456 789

61

987 654 321,0

62

1) 2 € 10 c 3) 0,89 € 5) 26 c 7) 12 € 50 c 9) 100 c
2) 349,98 € 4) 12 590 c 6) 15,90 € 8) 190 € 90 c 10) 54,80 €

63

☒ 3 Hundertstel

64

☐ ☒
☒ ☐
☐ ☒
☒ ☐
☐ ☒
☒ ☐
0,12 ist um 0,02 größer als 0,1.
Es gibt unendlich viele Zahlen, die zwischen 0 und 0,1 liegen.
33,7 ist gleich groß wie 33,70.

65

☒ ☐ ☐ ☒ ☐

66

a) 0,125 b) 1,25 c) 0,9

67

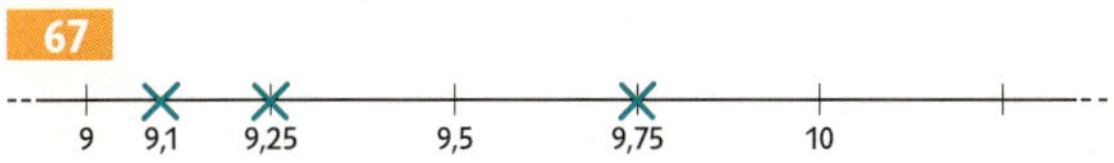

68

Lösungswort: SUMME
Richtigstellung: auf z: 34,569 ≈ 34,6
auf ht: 4,123 429 ≈ 4,123 43; auf Z: 4,99 ≈ 0
auf z: 0,038 9 = 0,0; auf T: 3 999,9 ≈ 4 000

69

1) 2,249 8; 50,009 8; 300,008; 0,046 99; 3 488,2; 1,08; 0,44
2) 0,046 99; 0,44; 1,08; 2,249 8; 50,009 8; 300,008; 3 488,2
3) 0,05; 0,44; 1,08; 2,25; 50,01; 300,01; 3 488,2
4) 0,1; 0,4; 1,1; 2,3; 50,0; 300,0; 3 488,2
5) 0,0; 0,4; 1,1; 2,2; 50,0; 300,0; 3 488,2
Für das Runden auf Zehntel ist die Ziffer auf der Hundertstelstelle von Bedeutung. Diese sind bei 2) und 3) teilweise unterschiedlich.

70

5; 0,3; 2,3. Der Kuchen reicht für höchstens 22 Kinder.
4,1; 0,25; 10 000

71

ca. 3,25; 3,22
Felix hat gewonnen, da 3,25 größer als 3,22 ist.

72

Fehlende Zahlen – jeweils von unten nach oben und von links nach rechts:

a)

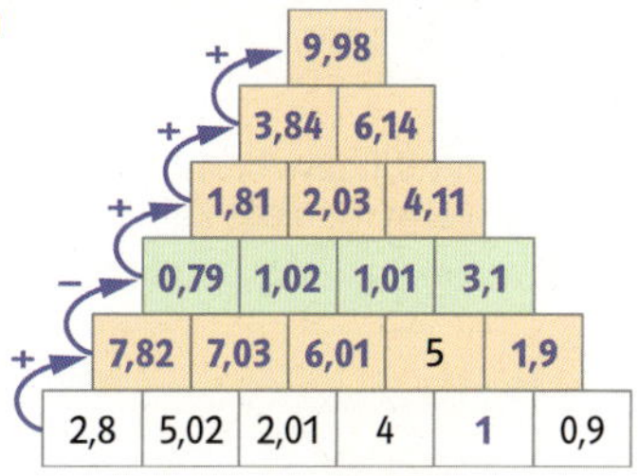

b)

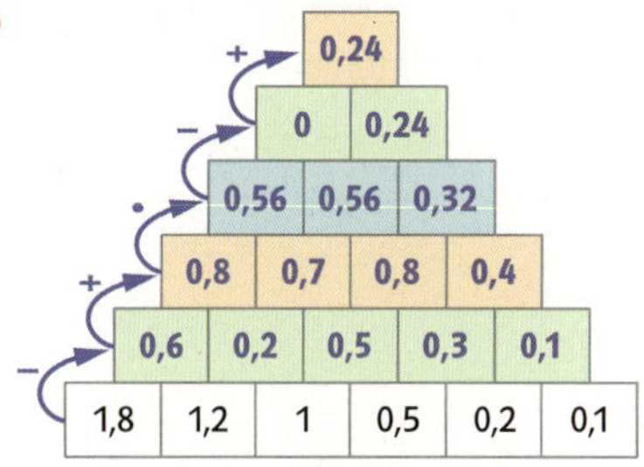

c)

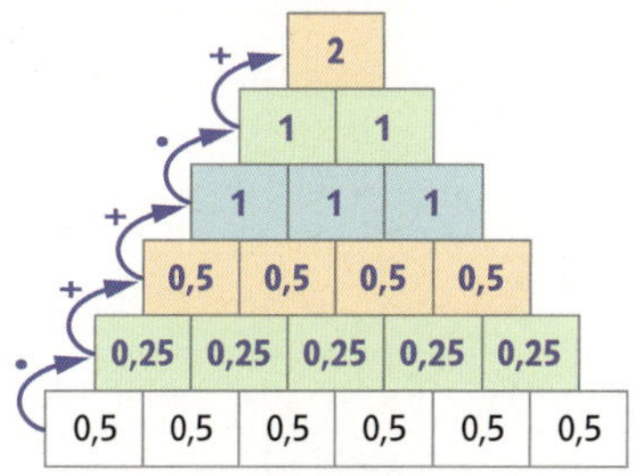

d)

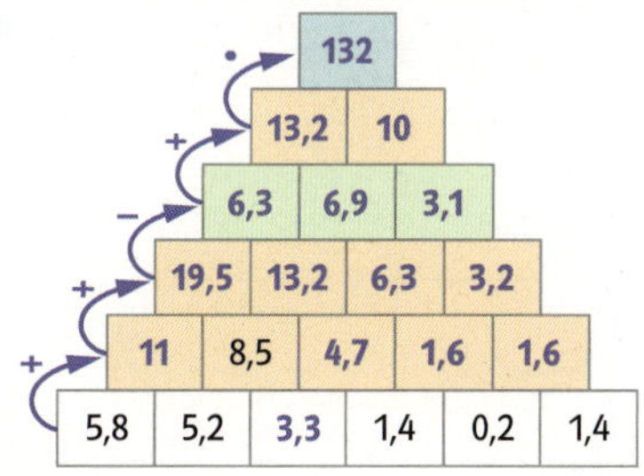

73

b) 2,9; 3,8; 4,7
c) 6,1; 7,2; 8,3; 9,4; 10,5
d) 4,5; 6; 7,5; 9; 10,5
e) 8,02; 8,04; 8,06; 8,08; 8,1

74

b) 1; 0,4
c) 6,3; 5,3; 4,3; 3,3; 2,3
d) 8; 5,8; 3,6
e) 8,96; 8,92; 8,88; 8,84

75

1 ☒ ☐ ☐
2 ☐ ☐ ☒

76

2) 200; 20 000; 2 000 000
3) 5 000; 5 000 000
4) 40; 400; 4 000; 40 000
5) 200; 20 000; 2 000 000
6) 5 000; 5 000 000
7) Die Multiplikation einer Zahl mit 10 bzw. 100 bzw. 1 000 liefert dasselbe Ergebnis als wenn man die Zahl durch 0,1 bzw. 0,01 bzw. 0,001 dividiert.

77

2) 24,445; 0,244 45
3) 15; 0,015; 0,000 015
4) 0,1; 0,01; 0,001; 0,0001
5) 24,445; 0,244 45
6) 15; 0,015; 0,000 015
7) Die Multiplikation einer Zahl mit 0,1 bzw. 0,01 bzw. 0,001 liefert dasselbe Ergebnis, als wenn man die Zahl durch 10 bzw. 100 bzw. 1000 dividiert.

78

☐ ☒ ☒ ☒ ☐

79

Fehlende Zahlen-von oben nach unten und von links nach rechts: 2; 0,68; 2,5; 1; 44,84

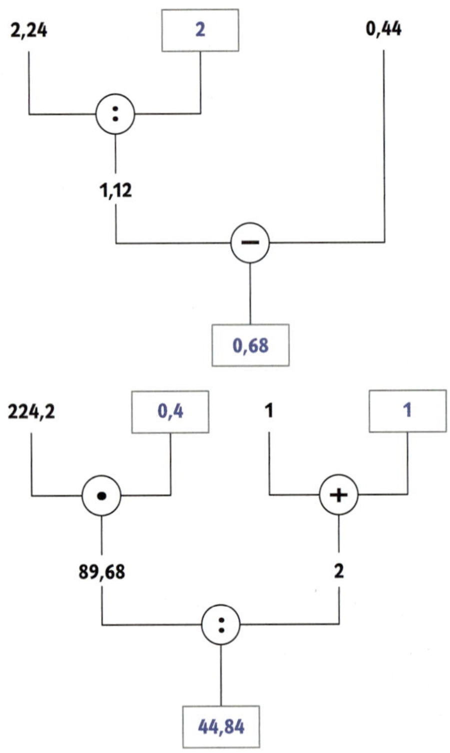

80

a) 21 Flaschen b) 10 Flaschen c) 15 Flaschen
d) 7 Flaschen

81

Sie wiegen 51 dag.

82

P: 153,76 R: 200,86 O: 200
D: 500 U: 4,4 K: 2
Lösungswort: PRODUKT

83

1) Ja, das Geld reicht. 2) Rechnungsbetrag: 25,16 €

84

1) 50 3) 67,4 5) 48,2 7) 32 € 9) 13,96 11) 9,75 €
2) 0 4) 62,27 6) 84,6 8) 9,70 € 10) 200 kg 12) 0,2
Lösung: DEZIMALZAHLEN SIND NUETZLICH!

4 Länge, Masse, Temperatur, Zeit

85

Höhe eines Hauses = 10 Meter
Maß (Größe) Maßzahl Maßeinheit

Wasserinhalt des Aquariums = 130 Becher
Maß (Größe) Maßzahl Maßeinheit

Dauer einer Schulpause = 375 Pulsschläge
Maß (Größe) Maßzahl Maßeinheit

Entfernung Sonne – Erde = 8 Lichtminuten
Maß (Größe) Maßzahl Maßeinheit

86

a)

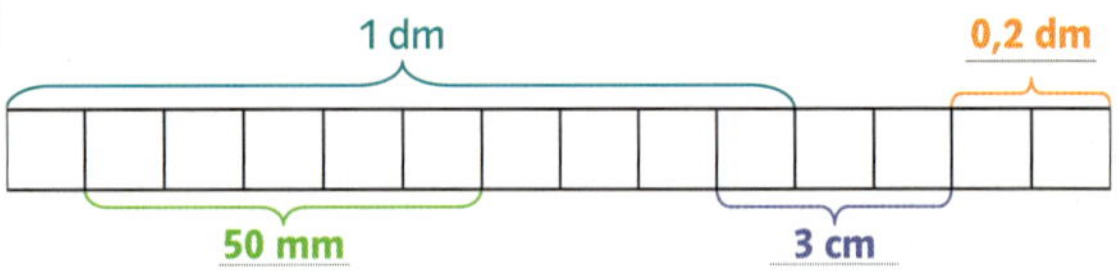

b)

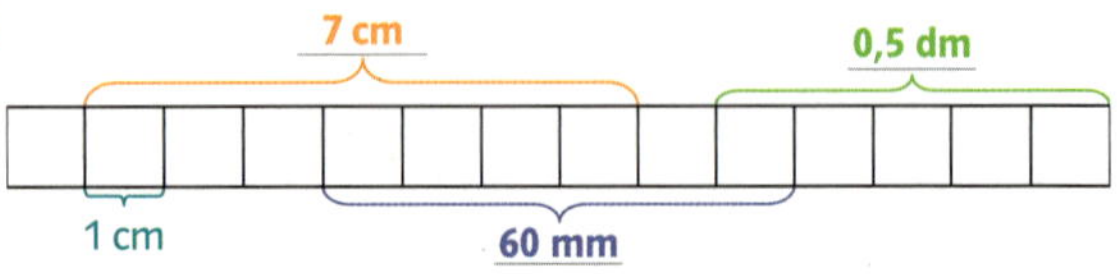

87

m	dm	cm	mm	Länge in m	Länge in dm	Länge in cm	Länge in mm
3	9	4	5	3,945	39,45	394,5	3945
	1	6	3	0,163	1,63	16,3	163
	5	0	1	0,501	5,01	50,1	501
		8	2	0,082	0,82	8,2	82
			9	0,009	0,09	0,9	9

88

a) 7 m 3 dm 2 mm
b) 5 dm 9 cm 2 mm
c) 4 m 5 dm
d) 72 m 8 dm
e) 3 dm 9 cm 1 mm
f) 62 m 9 dm 1 cm
g) 1 dm 1 cm 6 mm
h) 73 m 8 dm 3 cm

89

a) 0,25 m
b) 4,083 m
c) 0,63 m
d) 44,4 m
e) 0,006 m
f) 8700 m

90

a) 9,1 dm
b) 10,3 dm
c) 7,28 dm
d) 0,16 dm

91

a) 200,3 cm
b) 63,9 cm
c) 5,4 cm
d) 281 cm

92

a) 7 mm
b) 185 mm
c) 190 mm
d) 2350 mm

93

a) 3,5 km
b) 0,006 08 km
c) 0,004 3 km
d) 0,120 63 km

94

a) ☒ 3900 mm
b) ☒ 0,04 m
c) ☒ 0,61 dm
d) ☒ 75,3 dm

95
4,36 m + 7,1 dm + 28 cm + 9 cm =
= 4,36 m + 0,71 m + 0,28 m + 0,09 m = 5,44 m

96
1,2 m + 56 cm + 23 dm + 27 cm − 3 · 5 cm =
= 1,2 m + 0,56 m + 2,3 m + 0,27 m − 0,15 m = 4,18 m

97
3 m − 2 · 14 cm − 2 · 2 mm =
= 3 m − 2 · 0,14 m − 2 · 0,002 m =
= 3 m − 0,28 m − 0,004 m = 2,716 m

98
6,12 m : 0,34 m = 18   Man erhält 18 Stücke.

99
1) 3 dm + 3 dm + 3 dm + 3 dm + 3 dm = 15 dm
2) 5 dm + 5 dm + 5 dm + 3 dm + 3 dm = 21 dm
3) 5 dm + 5 dm + 5 dm − 3 dm − 3 dm = 9 dm
4) 5 dm + 5 dm − 3 dm − 3 dm − 3 dm = 1 dm

100
Ein **10 kg** schwerer Sessel wird auf einen Lastwagen geladen, der **5 t** wiegt. Dem **85 kg** schweren Fahrer fällt das Handy aus der Hand, das genau **12 dag** wiegt, während er den **10 g** leichten Bestellschein zusammenfaltet. Anschließend fährt er den Lastwagen zum Flughafen, wo dieser in ein **60 t** schweres Flugzeug verladen wird. Vor dem Start setzt sich eine Taube, die **800 g** wiegt, auf den Flugzeugflügel, doch das Tier fliegt davon, bevor das Flugzeug startet.

101

kg		dag	g	Masse in kg	Masse in dag	Masse in g
7	5		1	**7,501**	**750,1**	**7501**
2		**3**	**7**	2,037	203,7	2037
			4	**0,004**	0,4	**4**
			6	**0,006**	**0,6**	6

102
a) 9 kg 83 dag 7 g
b) 1 dag 4 g
c) 6 kg 63 dag
d) 2 dag 9 g
e) 5 g 7 mg
f) 2 g 748 mg = 2 g 7 dg 4 cg 8 mg

103
a) 3,8 kg
b) 0,47 kg
c) 5,041 kg
d) 0,367 2 kg
e) 0,015 629 kg
f) 451 kg

104
a) 70 dag
b) 302 dag
c) 15 dag
d) 7,39 dag

105
a) 9010 g
b) 5 g
c) 0,003 g
d) 4,5 g

106
a) 8 000 mg
b) 231 000 mg
c) 830 mg
d) 3 000 mg

107
a) 8,3 t
b) 6,0031 t
c) 0,028 5 t
d) 0,000 4 t

108
a) ☒ 834 dag
b) ☒ 300 mg
c) ☒ 0,012 g
d) ☒ 7,801 kg

109
23 kg + 6,3 kg + 4 · 4,8 kg + 2 · 10,3 kg =
= 23 kg + 6,3 kg + 19,2 kg + 20,6 kg = 69,1 kg
Da 69,1 kg < 70 kg, wurde der Aufzug nicht überlastet.

110
Nettomasse: 4,15 kg

111
6,75 kg

112
2,4 kg : 20 mg = 2 400 000 mg : 20 mg = 120 000
Man kann 120 000 Tabletten herstellen.

113
Der Ziegelstein wiegt 2 kg, da die Hälfte seiner Masse 1 kg ist: 1 kg + 1 kg = 2 kg.

114
a) 33 °C   b) 16 °C   c) 37,4 °C   d) 23 °C

115
a) drei Zehntelgrade
b) fünf Zehntelgrade
c) 17 Zehntelgrade
d) 50 Zehntelgrade

116
a) 0,2 °C   b) 0,9 °C   c) 2,8 °C   d) 6 °C

117
Nach dem Einschalten der Heizung ist die Temperatur des Wohnzimmers nach einer Stunde von 19,2 °C um **2,9 °C** auf 22,1 °C gestiegen. In der Nacht wird diese Temperatur um 46 Zehntelgrade auf **17,5 °C** gesenkt.

118
6,7 °C

119
a) 10:08 oder 22:08
b) 1:53 oder 13:53
c) 9:27 oder 21:27
d) 0:06 oder 12:06

120
a) 120 s
b) 240 s
c) 600 s
d) 90 s
e) 170 s
f) 190 s
g) 30 s
h) 510 s
i) 6 s

121
a) 180 min
b) 270 min
c) 440 min
d) 12 min
e) 150 min
f) 282 min
g) 0,1 min
h) 0,75 min
i) 6 min

122
a) 0,75 h
b) 1,5 h
c) 9 h
d) 72 h
e) 132 h
f) 168 h
g) 49 h
h) 116 h
i) 311 h

123
Mit der Frage **„Wann?"** will man einen Zeitpunkt wissen.
Mit der Frage **„Wie lange?"** will man eine Zeitdauer, eine **Zeitspanne** zwischen zwei **Zeitpunkten** wissen.

124
3 h 53 min

125
8.12 Uhr + 13 min = 8.25 Uhr; 8.25 Uhr + 1 h 3 min = 9.28 Uhr;
9.28 Uhr + 4 min = 9.32 Uhr

126
Es sind vier Schnitte, dh. 4 · 2 min = 8 min.

127
11.25 Uhr

128
Beide sind gleich weit von A entfernt, da sie sich ja auf der Straße treffen.

129
100 km

130

Nein, da 72 Stunden (= 3 · 24 Stunden) später wieder Mitternacht ist.

131

20 Stunden

5 Zahlen in Bruchdarstellung

132

a) $\frac{3}{8}$ b) $\frac{7}{16}$ c) $\frac{5}{7}$ d) $\frac{5}{16}$ e) $\frac{5}{8}$

133

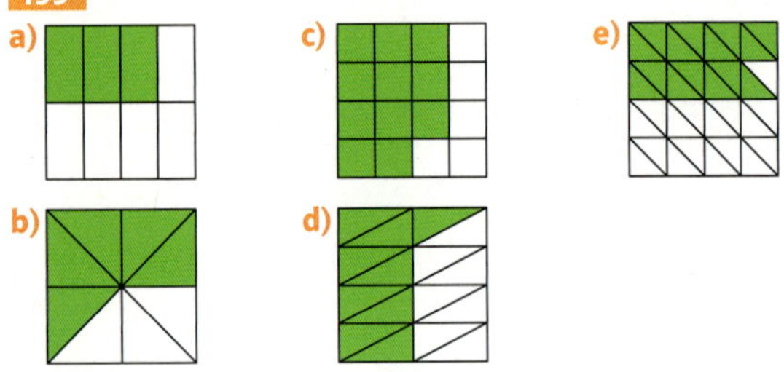

134

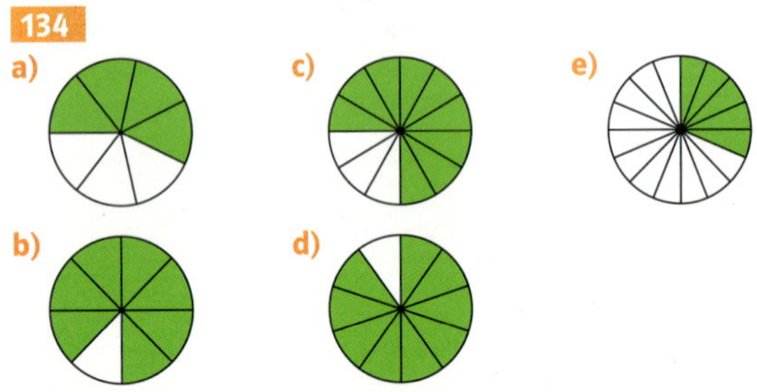

135

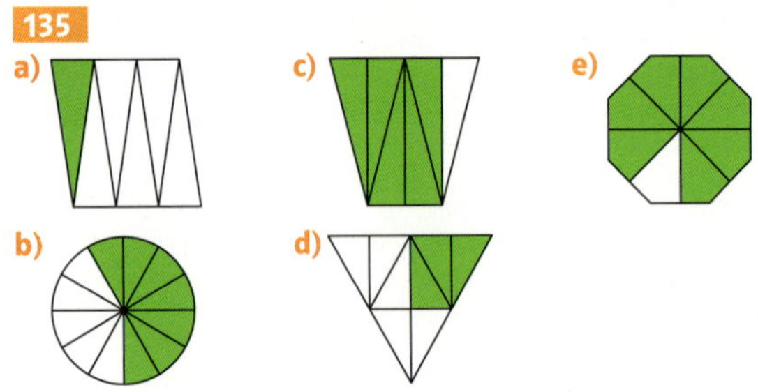

136

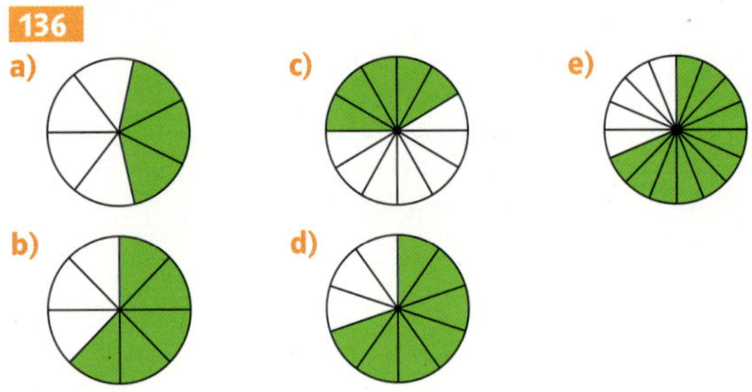

137

$\frac{4}{9}$ $\frac{7}{8}$ $\frac{13}{16}$ $\frac{5}{6}$

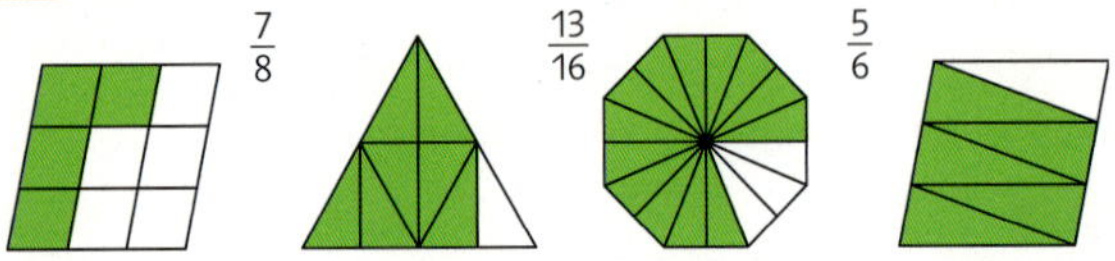

138

a) $\frac{13}{24}, \frac{11}{24}$ b) $\frac{15}{24}, \frac{19}{24}, \frac{7}{24}$

139

a) $\frac{12}{25}, \frac{13}{25}$ b) $\frac{7}{25}, \frac{4}{25}, \frac{2}{25}, \frac{6}{25}$

140

a) $\frac{1}{2}$ b) $\frac{1}{4}$ c) $\frac{3}{4}$ d) $\frac{1}{8}$ e) $\frac{2}{4}$

141

a) $\frac{1}{3}$ b) $\frac{3}{4}$ c) $\frac{3}{11}$ d) $\frac{2}{4}$ e) $\frac{5}{7}$

142

Blau: $\frac{3}{4}, \frac{7}{8}, \frac{5}{6}, \frac{5}{7}, \frac{2}{3}$ Rot: $\frac{2}{2}, \frac{11}{11}, \frac{4}{4}$ Grün: $\frac{9}{5}, \frac{13}{12}, \frac{8}{7}, \frac{7}{3}, \frac{6}{5}, \frac{3}{2}$

143

1) $3 = \frac{15}{5}$ 2) $3 = \frac{12}{4}$ 3) $3 = \frac{24}{8}$ 4) $3 = \frac{18}{6}$

144

a) $\frac{7}{4} = 1\frac{3}{4}$ b) $\frac{5}{2} = 2\frac{1}{2}$ c) $\frac{5}{4} = 1\frac{1}{4}$ d) $\frac{9}{8} = 1\frac{1}{8}$

145

a) $\frac{5}{4} = 1\frac{1}{4}$ b) $\frac{7}{2} = 3\frac{1}{2}$ c) $\frac{8}{5} = 1\frac{3}{5}$ d) $\frac{11}{8} = 1\frac{3}{8}$

146

$\frac{1}{2} = \frac{2}{4} = \frac{4}{8} = \frac{8}{16} = \frac{16}{32}$

147

☒
☐
☒
☒
☐

148

a)	☐ $\frac{4}{3}$	☒ $\frac{6}{8}$	☒ $\frac{3}{4}$	☐ $\frac{8}{6}$	☐ $\frac{6}{10}$
b)	☒ $\frac{4}{10}$	☐ $\frac{4}{9}$	☒ $\frac{3}{5}$	☐ $\frac{2}{5}$	☐ $\frac{10}{4}$
c)	☐ $\frac{9}{14}$	☒ $\frac{5}{7}$	☐ $\frac{10}{12}$	☒ $\frac{10}{14}$	☐ $\frac{14}{10}$
d)	☐ $\frac{5}{8}$	☐ $\frac{4}{7}$	☒ $\frac{1}{2}$	☒ $\frac{4}{8}$	☒ $\frac{2}{4}$

149

a) A: 1) $\frac{7}{10}$ 2) 0,7 B: 1) $\frac{11}{10} = 1\frac{1}{10}$ 2) 1,1

C: 1) $\frac{15}{10} = 1\frac{5}{10}$ 2) 1,5 D: 1) $\frac{25}{10} = 2\frac{5}{10}$ 2) 2,5

E: 1) $\frac{29}{10} = 2\frac{9}{10}$ 2) 2,9

b) ZB $\frac{8}{10} = 0{,}8$; $\frac{9}{10} = 0{,}9$; $\frac{10}{10} = 1$

150

a) A: 1) $\frac{63}{10} = 6\frac{3}{10}$ 2) 6,3 B: 1) $\frac{69}{10} = 6\frac{9}{10}$ 2) 6,9

C: 1) $\frac{72}{10} = 7\frac{2}{10}$ 2) 7,2 D: 1) $\frac{75}{10} = 7\frac{5}{10}$ 2) 7,5

E: 1) $\frac{81}{10} = 8\frac{1}{10}$ 2) 8,1

b) ZB $\frac{64}{10} = 6\frac{4}{10} = 6{,}4$; $\frac{66}{10} = 6\frac{6}{10} = 6{,}6$; $\frac{67}{10} = 6\frac{7}{10} = 6{,}7$

151

a) A: 1) $\frac{3}{100}$ 2) 0,03 B: 1) $\frac{7}{100}$ 2) 0,07

C: 1) $\frac{13}{100}$ 2) 0,13 D: 1) $\frac{31}{100}$ 2) 0,31

E: 1) $\frac{46}{100}$ 2) 0,46

b) ZB $\frac{17}{100} = 0{,}17$; $\frac{20}{100} = 0{,}2$; $\frac{23}{100} = 0{,}23$

c) ZB $\frac{33}{100} = 0{,}33$; $\frac{40}{100} = 0{,}4$; $\frac{42}{100} = 0{,}42$

152

1) a) $\frac{1}{2}=\frac{4}{8}$ e) $\frac{7}{8}<\frac{15}{16}$ i) $\frac{1}{5}>\frac{3}{16}$ m) $\frac{1}{3}>\frac{5}{16}$

b) $\frac{3}{4}>\frac{3}{8}$ f) $\frac{13}{16}>\frac{2}{3}$ j) $\frac{3}{4}=\frac{12}{16}$ n) $\frac{1}{4}<\frac{2}{5}$

c) $\frac{1}{2}>\frac{2}{5}$ g) $\frac{3}{8}=\frac{6}{16}$ k) $\frac{2}{3}<\frac{3}{4}$ o) $\frac{1}{4}=\frac{4}{16}$

d) $\frac{1}{5}<\frac{4}{5}$ h) $\frac{1}{3}<\frac{2}{5}$ l) $\frac{7}{8}>\frac{4}{5}$ p) $\frac{6}{16}<\frac{2}{5}$

2) b) Bei gleichem Zähler (3) ist jene Zahl größer, deren Nenner kleiner ist: $4<8$, daher ist: $\frac{3}{4}>\frac{3}{8}$

c) Die Angabe in Dezimaldarstellung ergibt: $\frac{1}{2}=0{,}5$ *und* $\frac{2}{5}=0{,}4$; $0{,}5>0{,}4$, daher ist $\frac{1}{2}>\frac{2}{5}$

d) Bei gleichem Nenner (5) ist jene Zahl kleiner, deren Zähler kleiner ist: $1<4$, daher: $\frac{1}{5}<\frac{4}{5}$

153

a) $\frac{2}{3}=\frac{4}{6}$ b) $\frac{5}{6}=\frac{10}{12}$ c) $\frac{3}{4}=\frac{18}{24}$ d) $\frac{3}{4}=\frac{9}{12}$

154

a) 1) $\frac{2}{5}$ 2) 0,4 c) 1) $\frac{1}{8}$ 2) 0,125 e) 1) $\frac{1}{5}$ 2) 0,2

b) 1) $\frac{5}{10}$ 2) 0,5 d) 1) $\frac{4}{10}$ 2) 0,4

155

a) 1) $\frac{1}{2}$ 2) 0,5 c) 1) $\frac{3}{4}$ 2) 0,75 e) 1) $\frac{7}{8}$ 2) 0,875

b) 1) $\frac{5}{8}$ 2) 0,625 d) 1) $\frac{3}{8}$ 2) 0,375

156

a) 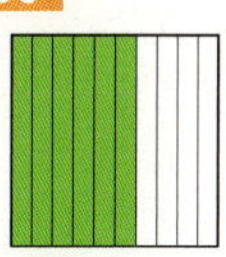 0,6

b) 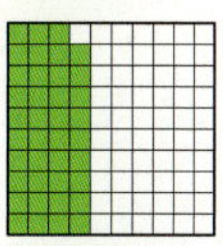 0,39

c) 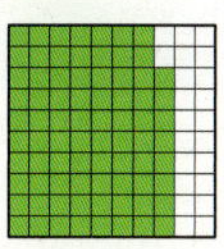 0,78

d) 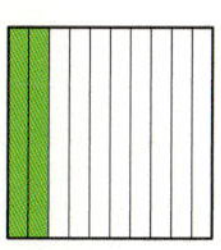 0,2

e) 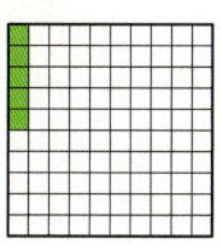 0,05

157

a) 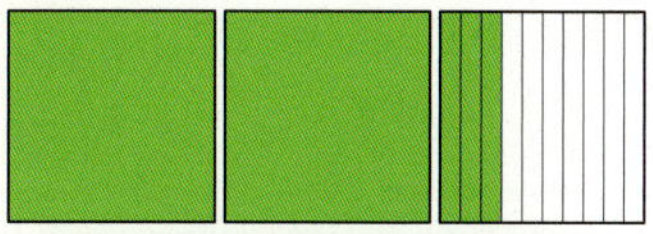 $\frac{23}{10}$; 2,3

b) 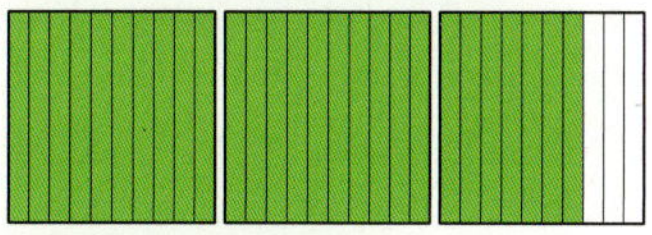 $\frac{27}{10}$; 2,7

c) 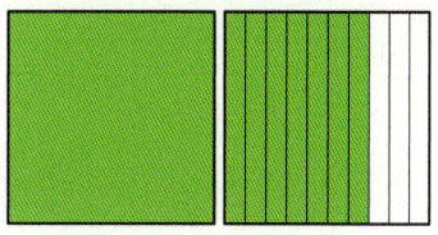 $\frac{17}{10}$; $1\frac{7}{10}$

d) 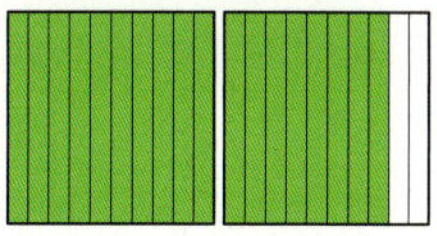 1,8; $1\frac{8}{10}$

158

a) 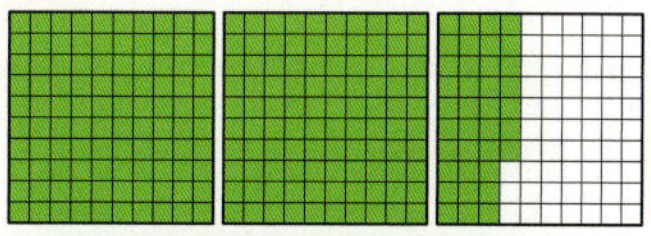 $2\frac{37}{100}$; 2,37

b) 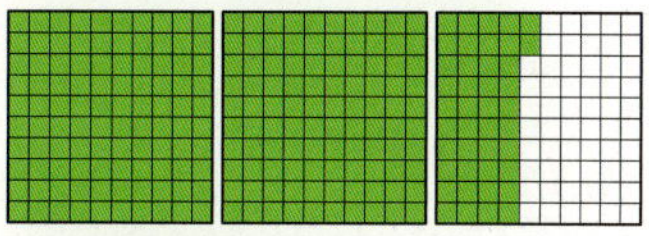 $\frac{242}{100}$; 2,42

c) 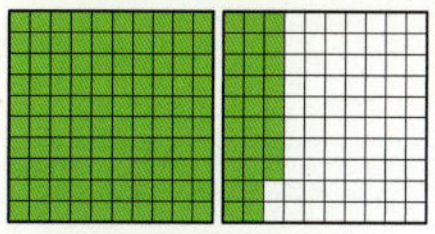 $1\frac{28}{100}$; $\frac{128}{100}$

d) 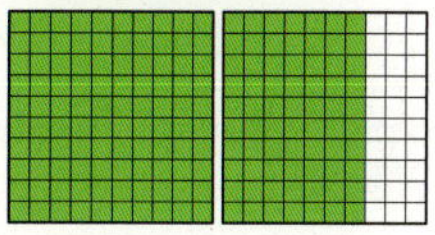 $1\frac{7}{10}$; 1,7

159

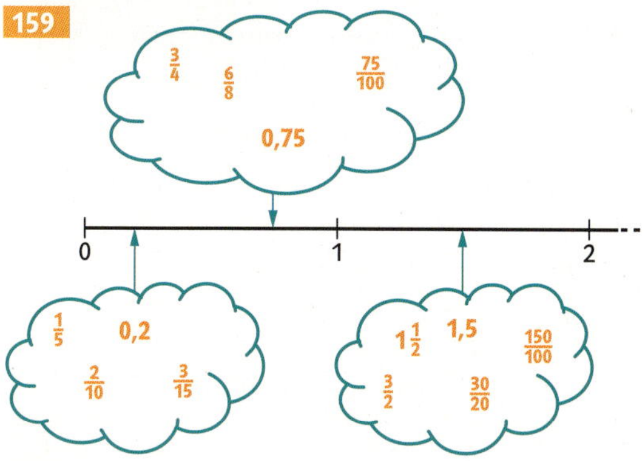

160

1,1; 0,5; 4,4; 0,9; 2,8; 1,9

161

8,6; 7,7; 6,5; 8,3; 7,8; 6,1

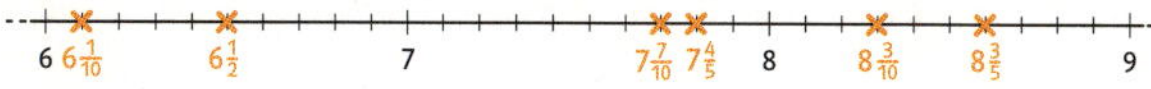

162

0,22; 0,41; 0,3; 0,03; 0,17; 0,09

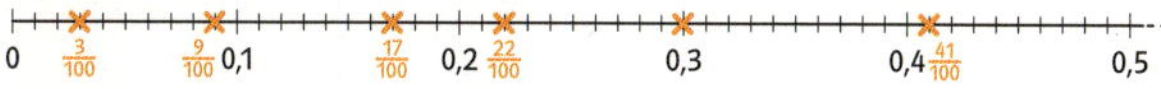

163

0,67; 0,48; 0,77; 0,5; 0,8; 0,83

164

0,78; 0,9; 1,3; 1,03; 1,17

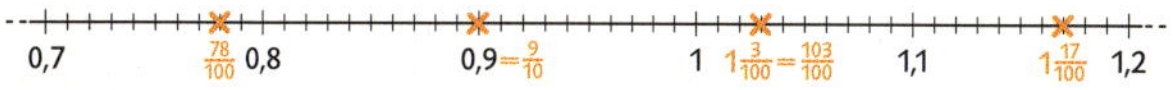

165

a) $1\frac{2}{4}+1\frac{3}{4}=2\frac{5}{4}=3\frac{1}{4}$ b) $3\frac{1}{4}-1\frac{3}{4}=1\frac{2}{4}=1\frac{1}{2}$

166

a) $\frac{1}{4}+\frac{5}{8}=\frac{2}{8}+\frac{5}{8}=\frac{7}{8}$ b) $1\frac{2}{3}-1\frac{1}{2}=1\frac{4}{6}-1\frac{3}{6}=0\frac{1}{6}=\frac{1}{6}$

167

Marlene ist $2\frac{3}{4}$ Stunden unterwegs.

168

Es verbleiben $\frac{3}{4}$ Liter Apfelsaft in der Flasche.

169

$\frac{5}{8} \cdot 4 = \frac{5}{8} + \frac{5}{8} + \frac{5}{8} + \frac{5}{8} = 2\frac{1}{2}$

170

$\frac{3}{4}\,l : 3 = \frac{1}{4}\,l$

171

(1) 0,7; **(2)** 0,29; **(3)** 5,031; **(4)** 8,15; **(5)** 5,03; **(6)** 4,29; **(7)** 0,95; **(8)** 8,15; **(9)** 5,37; **(10)** 350,27; **(11)** 5,031; **(12)** 0,97; **(13)** 0,97;
Lösung: GEISTERSCHIFF

6 Mit Variablen arbeiten

172

Eine unbestimmte Zahl, die man beispielsweise durch eine Strecke darstellen kann, nennt man **Variable**.

173

Fehlendes von unten nach oben und von links nach rechts:

a)

82
36 | 46
17 | 19 | 27
8 | 9 | 10 | 17
3 | 5 | d | 6 | 11
a | b | c | 1 | e | f

b)

138
64 | 74
28 | 36 | 38
12 | 16 | 20 | 18
5 | 7 | 9 | 11 | f
a | b | c | d | e | 1

c)

176
80 | 96
36 | 44 | 52
16 | 20 | 24 | 28
7 | 9 | 11 | 13 | 15
a | b | c | d | e | f

d)

a + 3b + 3c + d
a + 2b + c | b + 2c + d
a + b | b + c | c + d
a | b | c | d

174

a) $3 \cdot x$
b) $x - 6$
c) $x : 2$ oder $\frac{x}{2}$
d) $2 \cdot x - 5$
e) $3 \cdot x + 8 \cdot x$
f) $(x + 7) \cdot 5$
g) $\frac{x}{4} + 19$
h) $(5 \cdot x + 3 \cdot x) \cdot 5$
i) $4 \cdot x - 3 \cdot x = 1 \cdot x$
j) $x + 7$

175

a) das Siebenfache einer Zahl
b) Dividiere eine Zahl durch 5!
c) Addiere 12 zu einer Zahl!
d) Subtrahiere 10 von einer Zahl!
e) Addiere zu einer Zahl 7 und multipliziere die Summe mit 3!
f) Subtrahiere 15 vom Dreifachen einer Zahl!
g) Addiere 22 zum Viertel einer Zahl!
h) Dividiere 10 durch das Dreifache einer Zahl!

176

a) 2; 1; 1; 4; 0; 1
b) 3,5; 6,25; 2,5; 10; 0; 1
c) 3; 4; 2; 8; 0; 1
d) 1,5; 0,25; 0,5; 2; 0; 1
e) 1,2; 0,04; 0,2; 0,8; 0; 1

177

a) **(1)** Maria hat um drei Geschwister weniger als Tamara.
Tamara hat um 3 Geschwister mehr als Maria.
(2) Tamara und Maria haben zusammen drei Geschwister.
(3) Maria hat um 3 Geschwister mehr als Tamara.
b) ZB: **(1)** $T = M + 3$; $T - M = 3$; $T - 3 = M$
(2) $M + T = 3$; $M = 3 - T$; $T = 3 - M$
(3) $T + 3 = M$; $M - 3 = T$; $M - T = 3$

178

ZB: **(1)** Er hat um 123 mehr technische Einsätze als Wartungsarbeiten.
(2) Insgesamt hat er 225 Einsätze.
(3) Die Anzahl der technischen Einsätze ist um 123 größer als die Anzahl der Wartungsarbeiten

179

a) ZB: $25 + x = 284$ $x = 259$
b) ZB: $K = 45 + 16$ $K = 61$
c) ZB: $105 = 18 + 27 + x$ $x = 60$

180

Zeit in h	Entfernung in km
1	**1100**
2	**2200**
3	**3300**
6	**6600**
ca. 7,5	8200

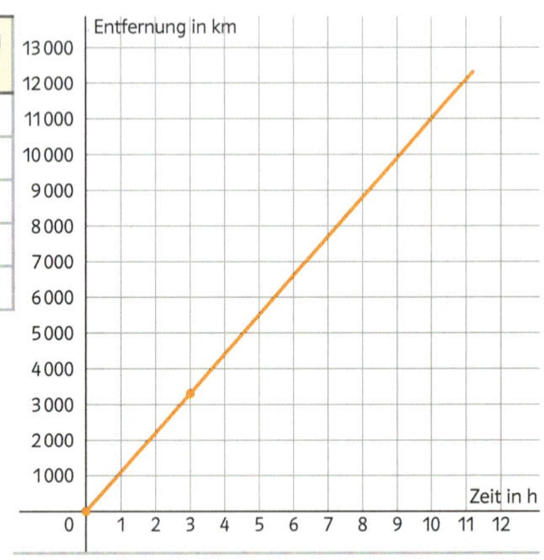

7 Einführung in die Geometrie

181

Eine gerade Linie mit einem Anfangs- und einem Endpunkt nennt man **Strecke**. Eine gerade Linie mit einem Anfangs-, aber keinem Endpunkt nennt man **Strahl**. Eine gerade Linie ohne Anfangs- und Endpunkt nennt man **Gerade**.

182

a) $\overline{AB} = 68$ mm
b) $\overline{CD} = 74$ mm
c) $\overline{EF} = 32$ mm

183

☐ $P \in AB$
☒ $S \notin AB$
☒ $R \notin AB$
☐ $S \in AB$
☒ $Q \in AB$
☒ $A \in AB$
☐ $B \notin AB$
☒ $P \notin AB$

184

$a \nparallel b$
$b \nparallel c$
$c \nparallel d$
$a \parallel c$
$b \parallel d$
$a \nparallel d$

185

$a \not\perp b$
$b \perp c$
$c \not\perp d$
$a \not\perp c$
$b \not\perp d$
$a \perp d$

186

☒ Ja. (in allen Fällen)

187

ZB:

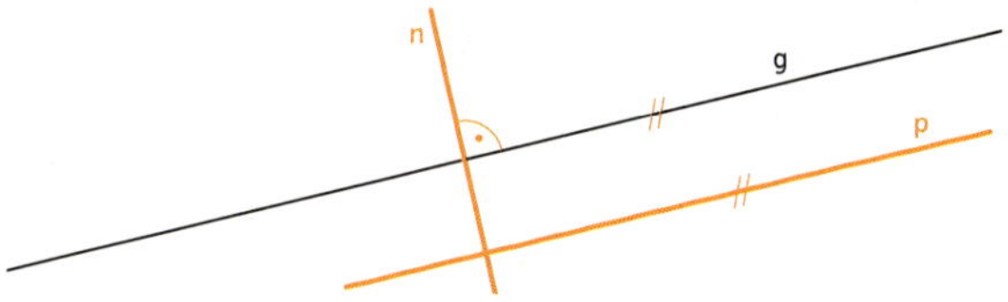

188

$d_A = 21\,mm$, $d_B = 9\,mm$, $d_C = 26\,mm$
Durch den Punkt A wird eine Normale zu g konstruiert. Die Länge von A zum Schnittpunkt der Normalen mit g ist der Abstand d_A. Bei B und C verfährt man genauso.

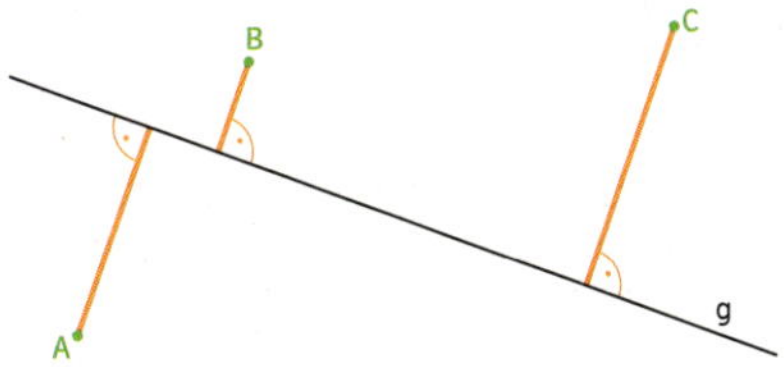

189

Anzahl der Schnittpunkte: 6

190

Ein **Winkel** besteht aus zwei **Strahlen**, die man **Schenkel** a und b nennt. Diese gehen von einem **Punkt** aus, den man **Scheitel** S nennt.

191

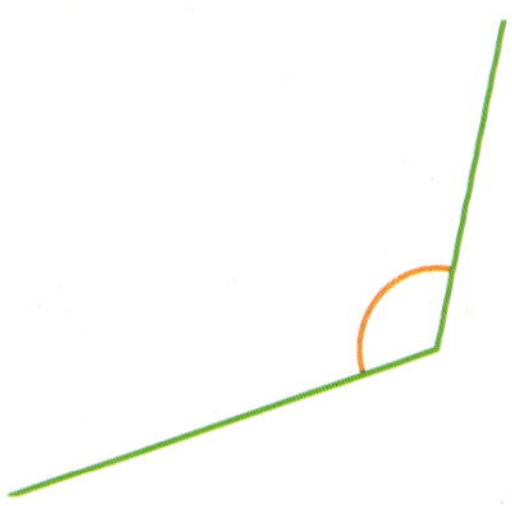

192

1) stumpfer Winkel
2) rechter Winkel
3) erhabener Winkel
4) voller Winkel
5) gestreckter Winkel
6) spitzer Winkel

193

a) $\alpha = 58°$
b) $\beta = 81°$
c) $\gamma = 280°$
d) $\delta = 270°$
e) $\varepsilon = 111°$
f) $\zeta = 137°$

194

1) 90° oder 270°
2) 0° oder 360°
3) 180°

195

a)

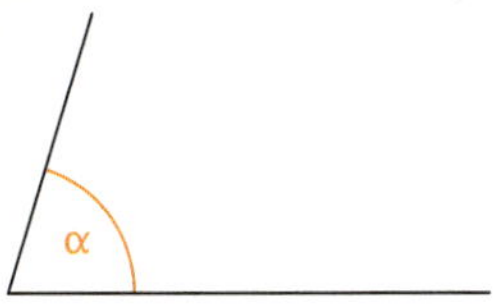

d)

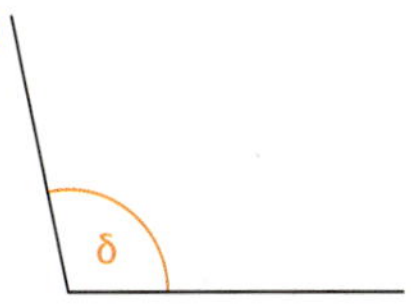

b)

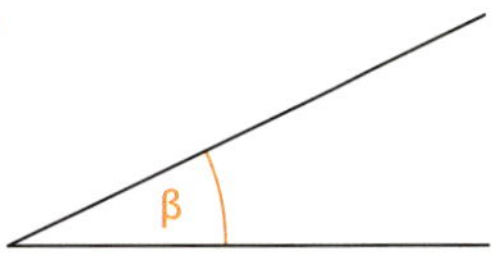

e)

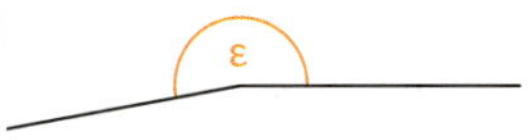

c)

f)

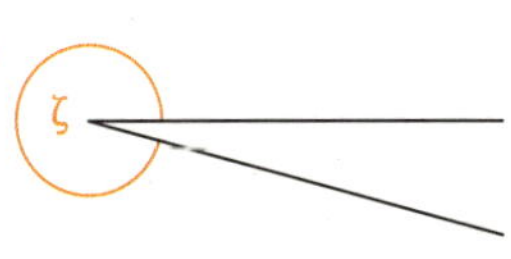

196

a) ☒ 78°
b) ☒ 130°
c) ☒ 39°
d) ☒ 112°

197

Figuren, die durch Spiegelung an einer geraden Linie mit sich selbst zur Deckung gebracht werden können, nennt man **achsensymmetrisch**. Die gerade Linie ist **die Symmetrieachse**. Figuren, die durch Spiegelung an einem Punkt mit sich selbst zur Deckung gebracht werden können, nennt man **punktsymmetrisch**. Der Punkt ist **das Symmetriezentrum**.

198

a)

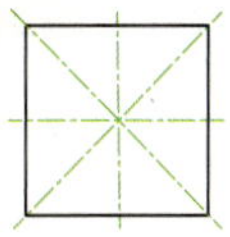

c)

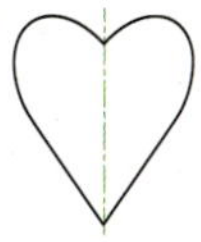

b)

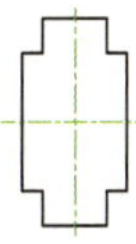

d)

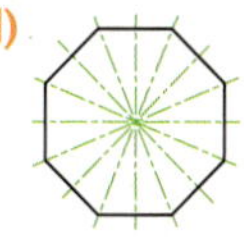

199

a)

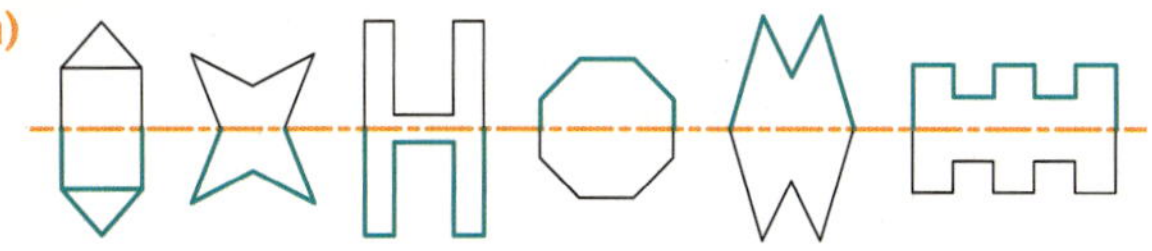

b)

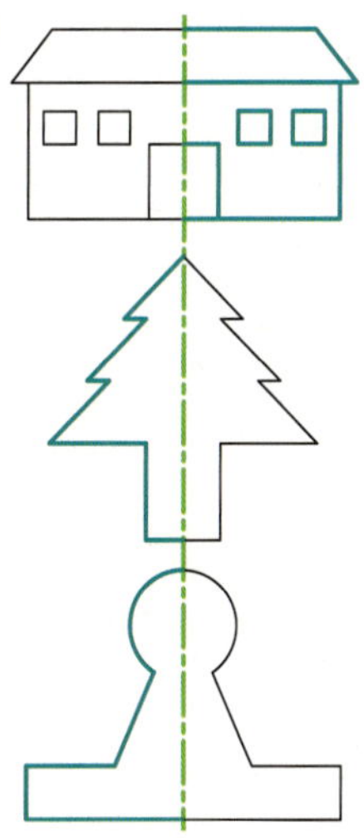

c)

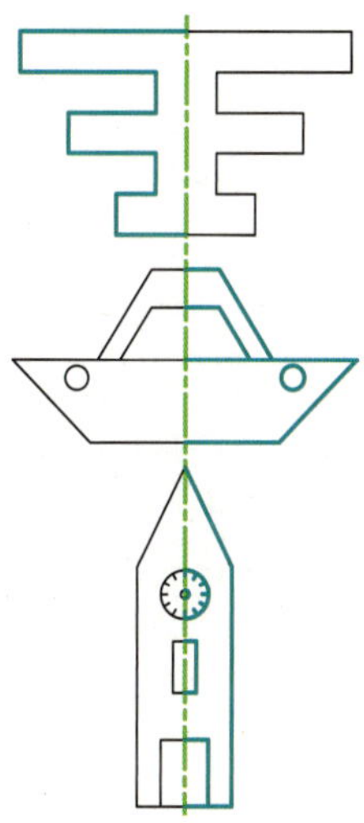

d)

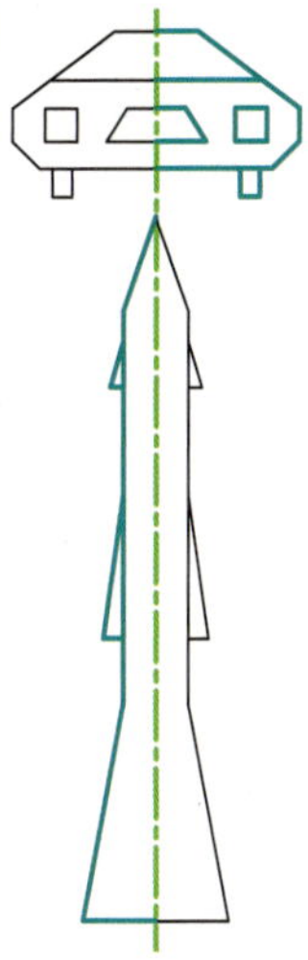

200

a)

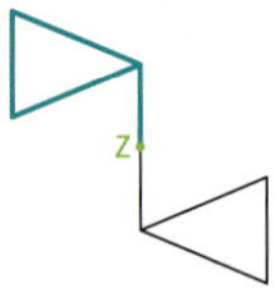

b)

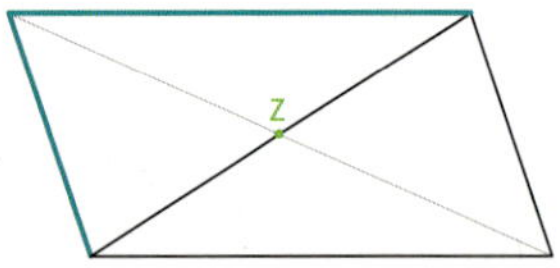

8 Kreis und Kreisteile

201

Alle Punkte einer **Kreislinie** k haben vom **Mittelpunkt** M des Kreises denselben Abstand, nämlich den **Radius** r. Die Strecke von Kreisrand zu Kreisrand durch **M** nennt man den **Durchmesser** d. Die Punkte **X**, **Y** und **Z** liegen auf k.

202

2) r = 3 cm, d = 6 cm

203

a) d = 50 mm **b)** d = 6 cm

204

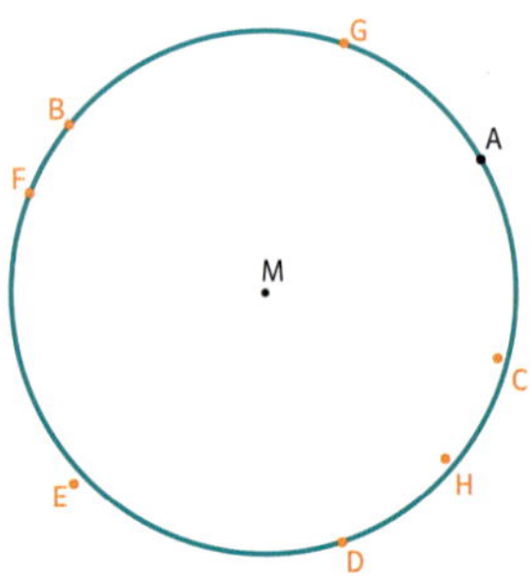

Punkte, die denselben Abstand zu M haben wie A:
B, D, F, G
Punkte, die einen kleineren Abstand zu M haben wie A:
C, H
Punkte, die einen größeren Abstand zu M haben wie A:
E

205

Eine Strecke, die zwei Punkte einer Kreislinie miteinander verbindet, nennt man **Kreissehne** s. Zwei Punkte einer Kreislinie teilen die Kreislinie in zwei **Kreisbögen** b_1 und b_2. Die beiden **Kreisbögen** sind stets länger als die zugehörige **Kreissehne**.

206

a)

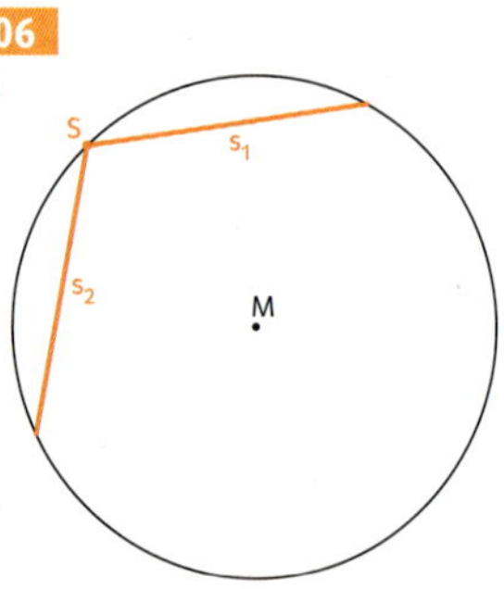

b) ZB:

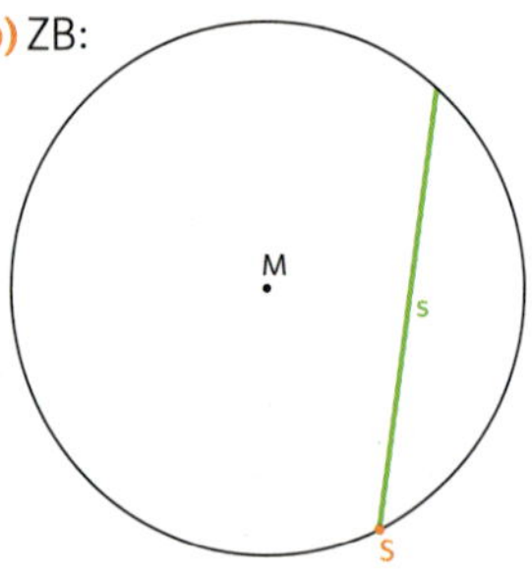

207

s = 14 cm

208

a) 1 **b)** 0 **c)** 2 **d)** 0 **e)** 1 **f)** 0

209

ZB:

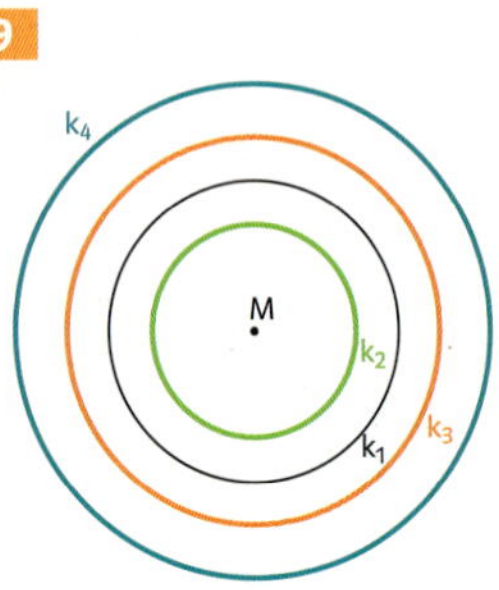

210

a)

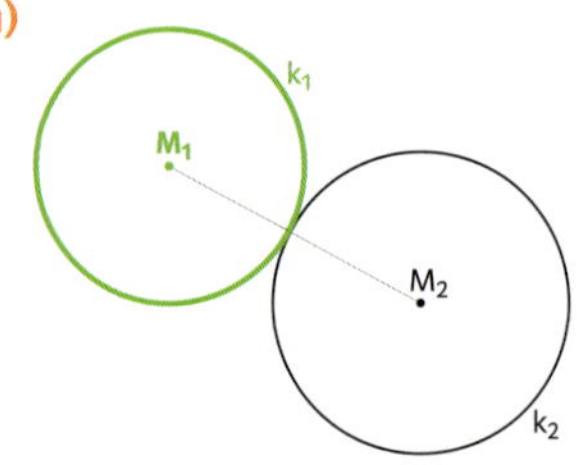

b) ZB:

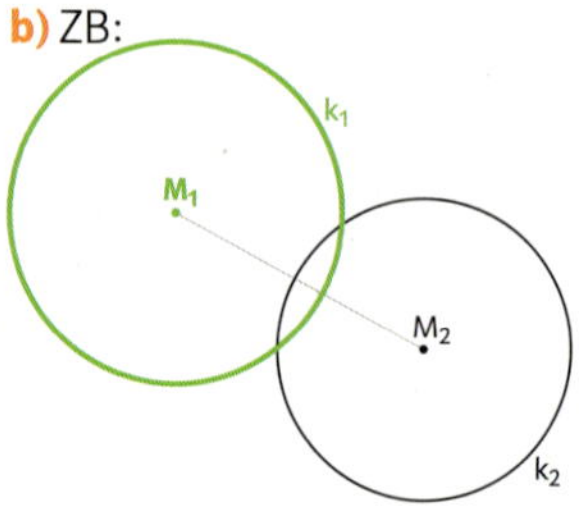

211

a)

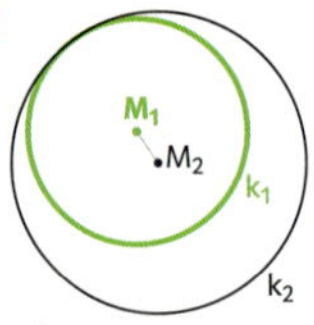

b) ZB:

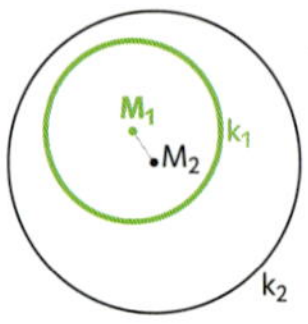

212

Die Gerade g_1 schneidet die Kreislinie k in zwei Punkten A und B. Man nennt g_1 eine **Kreissekante**. Die Gerade g_2 berührt die Kreislinie k in einem Punkt P. Man nennt g_2 eine **Kreistangente**. Sie steht **normal** zu MP = r. Die Gerade g_3 hat mit der Kreislinie k keine Punkte gemeinsam. Man nennt g_3 eine **Kreispassante**.

213

a) ZB:

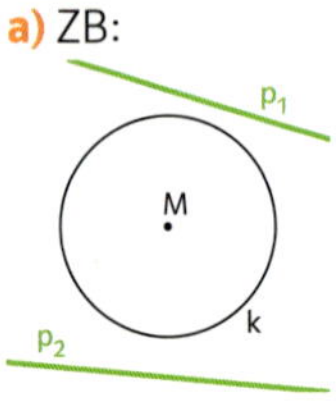

b) ZB:

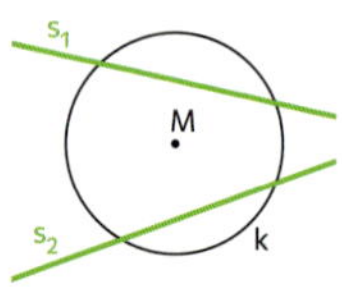

c) ZB:

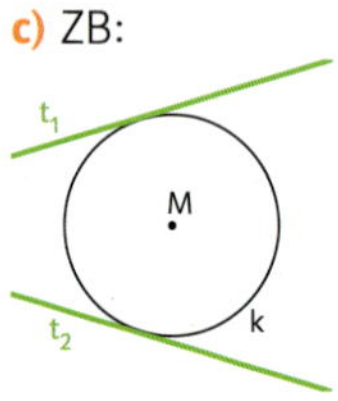

214

a) ZB:

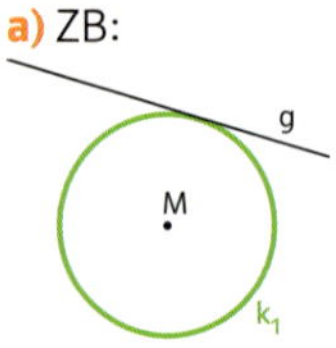

b) ZB:

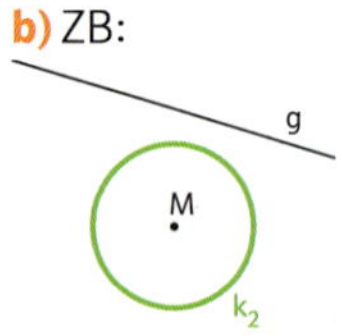

c) ZB:

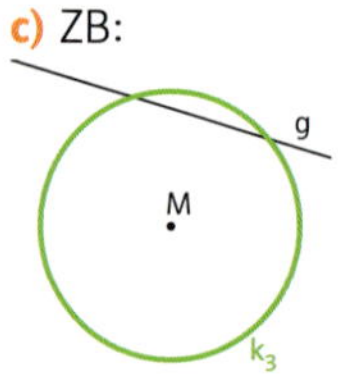

215

ZB: Eine Kreislinie ist die äußerste Begrenzung einer Kreisfläche und kann mit einer Zirkelmine gezogen werden. Eine Kreisfläche ist der innere Bereich eines Kreises, zu der auch die Kreislinie gehört; die Kreisfläche kann ausgemalt werden.

216

Die Fläche zwischen den Kreislinien zweier konzentrischer Kreise ist ein **Kreisring** ($r_1 \neq r_2$). Die Fläche zwischen einer Kreissehne s und einem Kreisbogen b ist ein **Kreissegment**. Die Fläche zwischen zwei Radien und einem Kreisbogen b ist ein **Kreissektor** mit dem **Zentriwinkel** α.

217

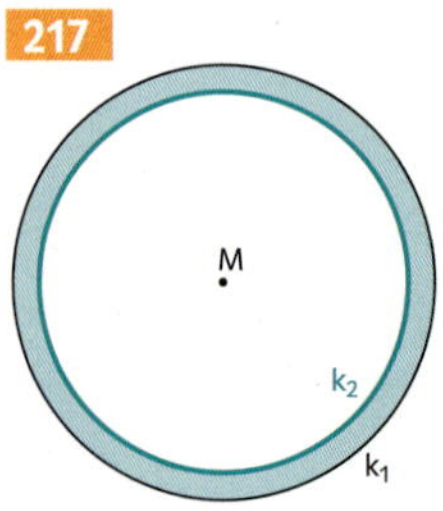

218

a) ZB:

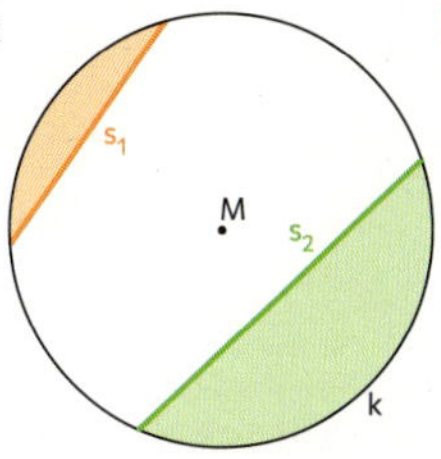

b) ZB:

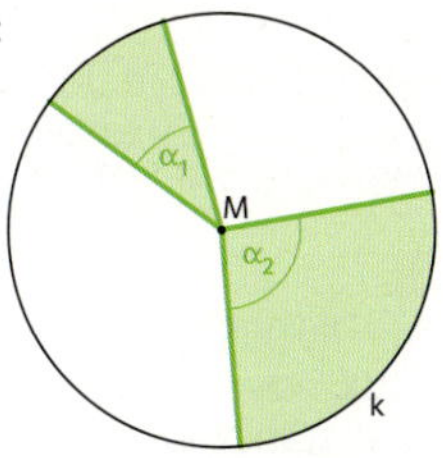

9 Rechteck und Quadrat

219

Ein Rechteck ist eine ebene Figur mit **vier Seiten** mit den Längen a und b sowie mit **vier Eckpunkten** mit den Bezeichnungen A, B, C und D. Gegenüberliegende Seiten sind **parallel** und gleich **lang**. Benachbarte Seiten stehen **normal zueinander**. Alle vier Winkel sind **rechte Winkel**. Die beiden **Diagonalen** sind gleich lang und halbieren einander.

220

a)

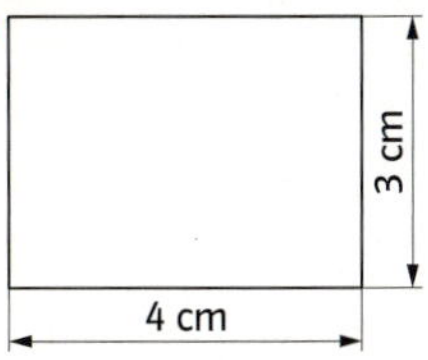

b)

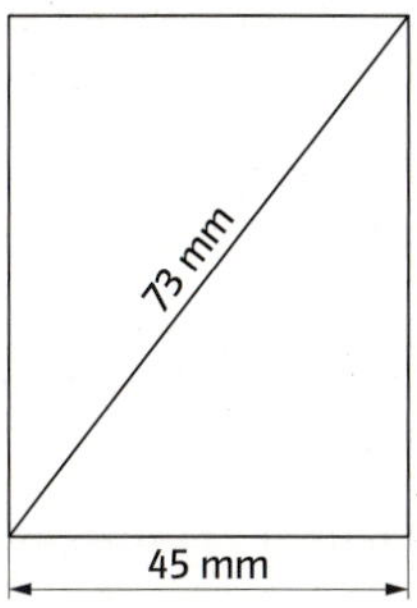

221

☒ Nein. Mit der Länge der Diagonalen lassen sich beliebig viele Rechtecke konstruieren, da die beiden Diagonalen in keinem bestimmten Winkel zueinander stehen.

222

Ein Quadrat ist eine ebene Figur mit **vier Seiten** mit der Länge a sowie mit **vier Eckpunkten** mit den Bezeichnungen A, B, C und D. Gegenüberliegende Seiten sind **parallel**. Alle **vier Seiten** sind gleich **lang**. Benachbarte Seiten stehen **normal zueinander**. Alle vier Winkel sind **rechte Winkel**. Die beiden **Diagonalen** sind gleich lang, sie halbieren einander und stehen **normal zueinander**.

223

a)

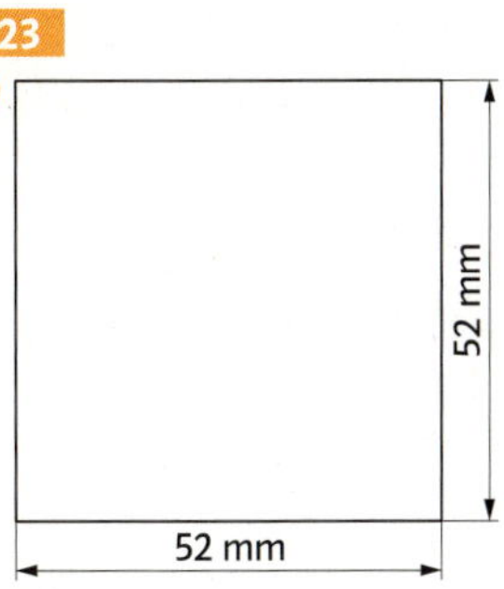

b)

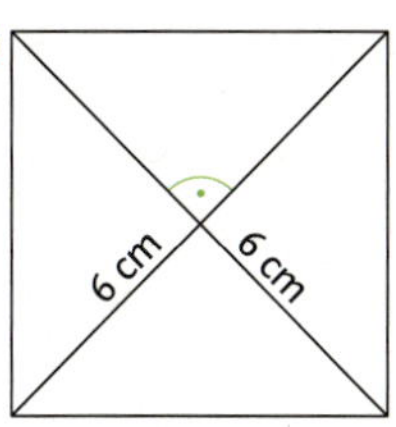

224

a) Zahl der Rechtecke: 8 Zahl der Quadrate: 5
b) Zahl der Rechtecke: 10 Zahl der Quadrate: 9

225

☐ ☒
☒ ☒
☐ ☒
☐ ☒
☒ ☒

226

a) $u = w + w + z + z$ oder $u = w + z + w + z$ oder $u = 2 \cdot w + 2 \cdot z$ oder $u = 2 \cdot (w + z)$
b) $u = v + v + p + p$ oder $u = v + p + v + p$ oder $u = 2 \cdot v + 2 \cdot p$ oder $u = 2 \cdot (v + p)$
c) $u = k + k + k + k$ oder $u = 4 \cdot k$
d) $u = y + y + y + y$ oder $u = 4 \cdot y$

227

a) $u = 7\,cm + 7\,cm + 4\,cm + 4\,cm = 22\,cm$
b) $u = 2 \cdot 15{,}2\,cm + 2 \cdot 9{,}6\,cm = 49{,}6\,cm$
c) $u = 2 \cdot (26\,m + 5\,m) = 62\,m$
d) $u = 89\,mm + 89\,mm + 89\,mm + 89\,mm = 356\,mm$
e) $u = 4 \cdot 3{,}1\,dm = 12{,}4\,dm$

228

a) $b = 18\,cm$ b) $a = 48\,dm$ c) $b = 90\,cm$ d) $a = 4{,}5\,cm$

229

a) $a = 16\,cm$ b) $a = 72\,m$ c) $a = 85\,cm$ d) $a = 500\,m$

230

a) Umfang: 196 mm; Länge der Diagonalen: 70 mm
b) Umfang: 112 mm; Länge der Diagonalen: 40 mm

231

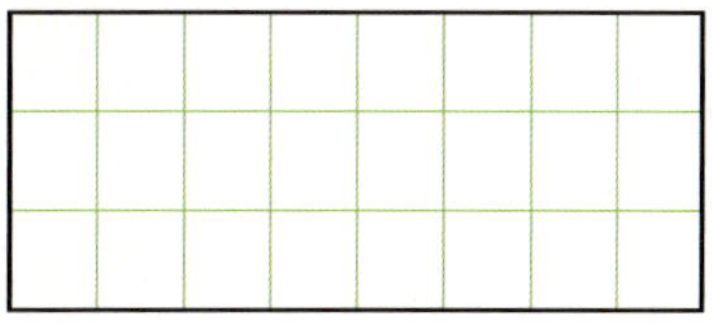

Zahl der Quadrate: 24

232

a) $3\,400\,mm^2$
b) $920\,dm^2$
c) $500\,ha$
d) $73\,800\,cm^2$
e) $904\,m^2$
f) $7{,}841\,a$
g) $9{,}4\,cm^2$
h) $0{,}13\,m^2$
i) $0{,}0009\,km^2$
j) $1{,}25746\,ha$

233

a) $A = w \cdot z$ b) $A = v \cdot p$ c) $A = k \cdot k$ d) $A = y \cdot y$

234

a) $A = 31{,}5\,dm^2$
b) $A = 5{,}04\,cm^2$
c) $A = 65{,}61\,m^2$
d) $A = 1{,}69\,dm^2$

235

a) $b = 7{,}5\,cm$ b) $a = 32\,m$ c) $b = 4{,}5\,dm$

236

a) $a = 5\,mm$ b) $a = 200\,m$ c) $a = 1000\,m$

237

$u = 47\,m + 34\,m + 28\,m + 18\,m + 7\,m + 23\,m + 26\,m + 75\,m = 258\,m$
$A = 47\,m \cdot 34\,m + 19\,m \cdot 18\,m + 23\,m \cdot 26\,m = 1598\,m^2 + 342\,m^2 + 598\,m^2 = 2\,538\,m^2$

238

1) $A = 30\,cm^2 \rightarrow b = 3\,cm \rightarrow u = 34\,cm \rightarrow a = 8\,cm \rightarrow u = 32\,cm \rightarrow b = 10\,cm \rightarrow A = 100\,cm^2 \rightarrow a = 4\,cm \rightarrow u = 36\,cm \rightarrow b = 9\,cm \rightarrow A = 144\,cm^2 \rightarrow a = 12\,cm \rightarrow u = 44\,cm \rightarrow A = 21\,cm^2$

2)

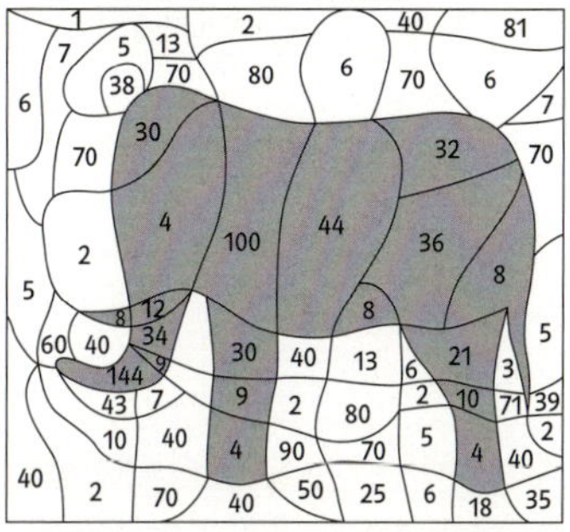

10 Der Maßstab

239

Plan	Wirklichkeit
3 cm	300 cm = 3 m
18 mm	1800 mm = 1,8 m
0,045 m = 4,5 cm = 45 mm	4,5 m
0,92 dm = 9,2 cm = 92 mm	92 dm
0,3 dm = 3 cm	300 cm = 3 m

240

Längen im Plan müssen **mit 500 multipliziert** werden, wenn man die Längen in der Wirklichkeit wissen will. Längen in der Wirklichkeit müssen **durch 500 dividiert** werden, wenn man die Längen im Plan wissen will. Allgemein gilt: Je größer die Maßstabszahl, desto **kleiner** ist der Plan. Je kleiner die Maßstabszahl, desto **größer** ist der Plan.

241

a) Länge: 28 cm Breite: 16 cm
b) Länge: 14 cm Breite: 8 cm
c) Länge: 7 cm Breite: 4 cm
d) Länge: 56 mm Breite: 32 mm
e) Länge: 28 mm Breite: 16 mm

242

21 mm · 15 000 = 315 000 mm = 315 m

243

Rechnung: 13 cm · 250 000 = 3 250 000 cm = 32,5 km ☒ Ja.
Begründung: Mit 50 km/h könnte sie sogar 50 km in einer Stunde zurücklegen.

244

18 m : 24 = 0,75 m = 75 cm

245

Höhe des Sessels in der Zeichnung: 4,5 cm;
Tiefe des Sessels in der Zeichnung: 1,8 cm
90 cm : 4,5 cm = 20 und/oder 36 cm : 1,8 cm = 20
Die Maßstabszahl ist 20. Maßstab 1 : 20

246

80 km = 80 000 m = 80 000 000 mm
80 000 000 mm : 25 mm = 3 200 000
Die Maßstabszahl ist 3 200 000. Maßstab 1 : 3 200 000

247

Wirklichkeit	Plan im Maßstab 1:250
13,75 m	55 mm
11,25 m	45 mm

248

1) 15 m ≙ 5 cm
9 m ≙ 3 cm
12 m ≙ 4 cm
6 m ≙ 2 cm

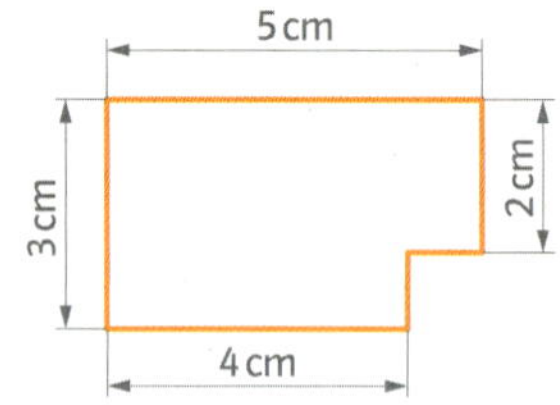

2) $9\,m \cdot 12\,m + 3\,m \cdot 6\,m = 108\,m^2 + 18\,m^2 = 126\,m^2$
3) $3\,cm \cdot 4\,cm + 1\,cm \cdot 2\,cm = 12\,cm^2 + 2\,cm^2 = 14\,cm^2$

249

Die Montfortstraße ist ungefähr 200 m lang.

250

6 cm = 60 mm 60 mm : 4 mm = 15 Maßstab 15 : 1

251

5,6 m : 140 = 0,04 m = 4 cm

252

☒ 2 dm

253

	Entfernung im Atlas	Maßstab	Entfernung in der Wirklichkeit (Luftlinie)	Rechnung
Oslo – Stockholm	ca. 16 cm	1 : 2 500 000	ca. 400 km	0,000 16 km · 2 500 000 = 400 km
Dakar – Kairo	ca. 35 cm	1 : 15 000 000	ca. 5 250 km	5 250 km : 0,000 35 km = 15 000 000
Washington DC – Mexico City	ca. 10 cm	1 : 30 000 000	ca. 3 000 km	300 000 000 cm : 30 000 000 = 10

254

	Entfernung in der Karte	Entfernung in der Wirklichkeit (Luftlinie)	Rechnung
Salzburg – Klagenfurt	ca. 4,1 cm	ca. 164 km	0,000041 km · 4 000 000 = 164 km
Bregenz – Graz	ca. 10,7 cm	ca. 428 km	0,000107 km · 4 000 000 = 428 km
Innsbruck – Linz	ca. 6,2 cm	ca. 248 km	0,000062 km · 4 000 000 = 248 km
Eisenstadt – Wien	ca. 1,1 cm	ca. 44 km	0,000011 km · 4 000 000 = 44 km
St. Pölten – Salzburg	ca. 5 cm	ca. 200 km	0,00005 km · 4 000 000 = 200 km
Graz – Eisenstadt	ca. 3 cm	ca. 120 km	0,00003 km · 4 000 000 = 120 km
Wien – Innsbruck	ca. 9,8 cm	ca. 392 km	0,000098 km · 4 000 000 = 392 km
Linz – St. Pölten	ca. 2,5 cm	ca. 100 km	0,000025 km · 4 000 000 = 100 km

11 Quader und Würfel

255

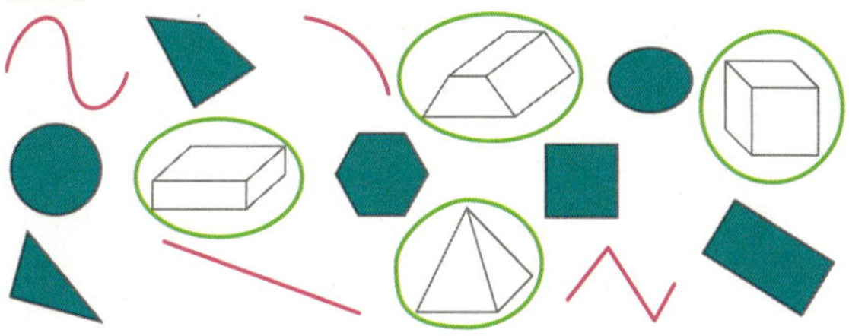

256

Quadrat
Rechteck
Dreieck
Kreis

257

Kugel, Würfel, Pyramide, Zylinder, Quader, Kegel

258

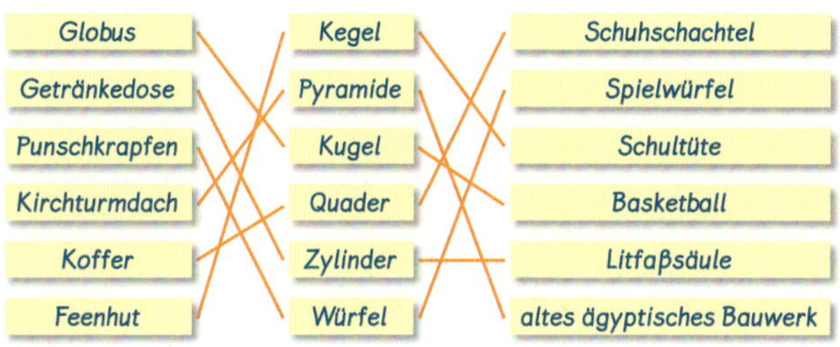

259

a)

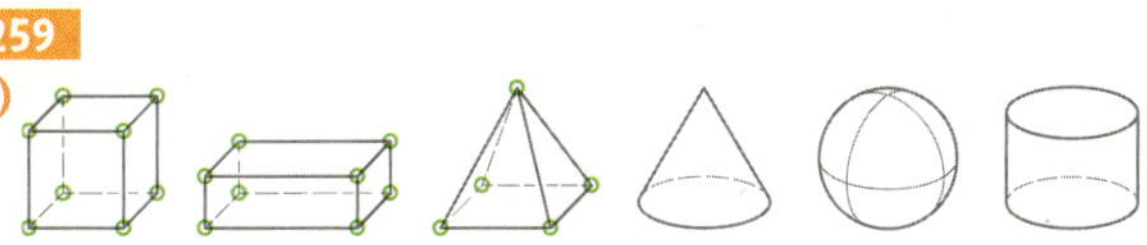

b)

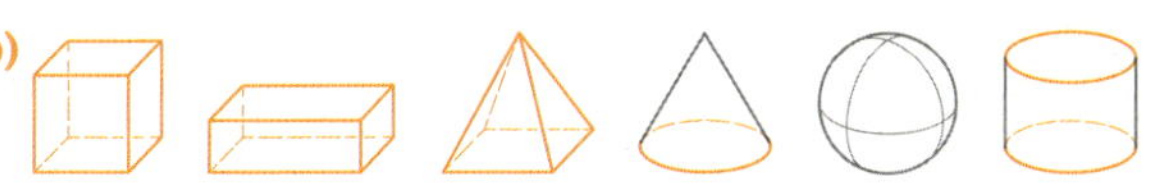

c)

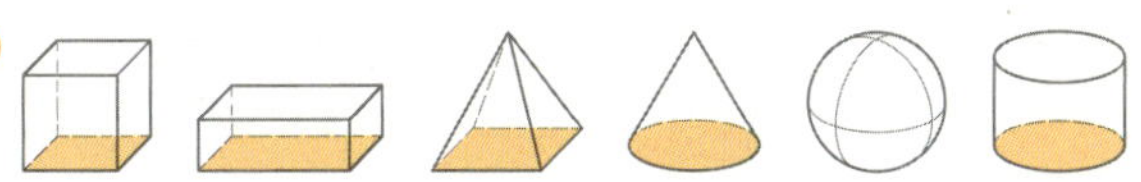

d) **Würfel, Quader, Pyramide, Kegel, Kugel, Zylinder**

260

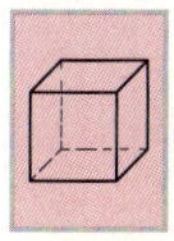	Pyramide mit quadratischer Grundfläche	8 Kanten	5 Ecken	3 Flächen 1 gekrümmt 2 Kreise
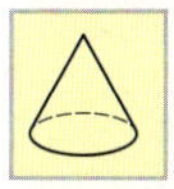	Quader	2 Kanten	8 Ecken	6 Flächen Quadrate
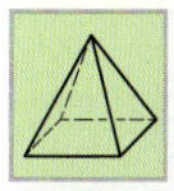	Kugel	12 Kanten	keine Ecken (1 Spitze)	2 Flächen 1 gekrümmt 1 Kreis
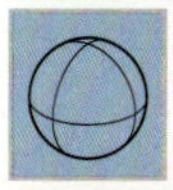	Würfel	1 Kante	8 Ecken	1 gekrümmte Fläche
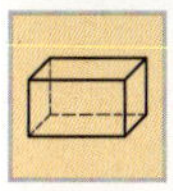	Zylinder	12 Kanten	keine Ecken	5 Flächen 1 Quadrat 4 Dreiecke
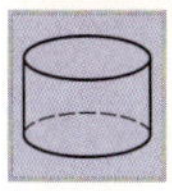	Kegel	keine Kante	keine Ecken	6 Flächen Rechtecke

261

Ich habe nur ebene Flächen: Würfel, Quader, Pyramide.
Ich habe nicht mehr als 3 Flächen: Kugel, Kegel, Zylinder.
Ich habe eine Grund- und Deckfläche: Quader, Würfel, Zylinder.
Ich habe keine gekrümmten Kanten: Würfel, Quader, Pyramide, Kugel.
Ich bestehe aus nur einer Fläche: Kugel.
Ich habe eine Spitze: Pyramide, Kegel.

262

		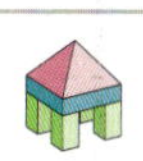	
Quader	1	5	3
Würfel	4	–	2
Pyramide	4	1	2
Kegel	–	–	1
Zylinder	–	–	–
Kugel	–	–	2

263

1) Ein Würfel hat **8** Ecken, **12** Kanten, **6** Flächen.
2) Die Fläche EFGH ist die **Deck**fläche des Würfels.
3) Gegenüber dieser Fläche liegt die Fläche **ABCD**, man nennt diese Fläche die **Grundfläche** des Würfels.
4) Je **4** Kanten sind gleich **lang** und **parallel**.
5) Alle Flächen eines Würfels haben die Form eines **Quadrats**.
6) Die Kanten AB und CD sind **parallel**, AD und AE sind **normal**, EH und CG sind **normal und windschief**.

264

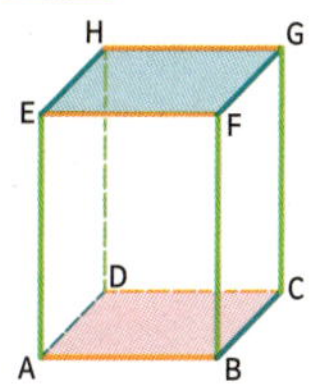

3) B
4) ABCD, DCGH
5) BCGF
6) w, f, w, w
7) ABFE, BCGF
8) 4

265

a) 5
b) 10
c) 14
d) 11
e) 8
f) 6

266

A und D, B und E, C und F

267

A, B, D

268

ZB:

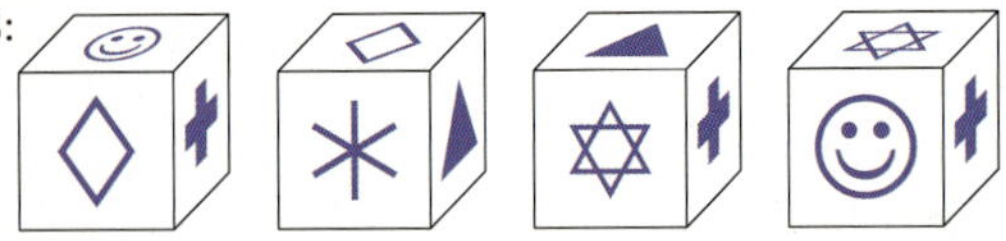

269

a)

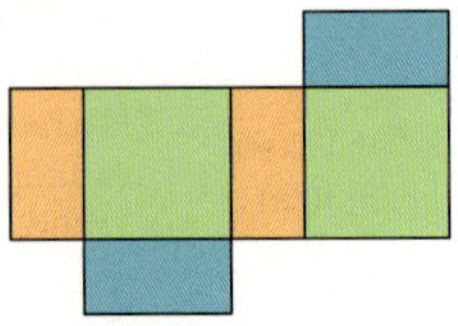

c)

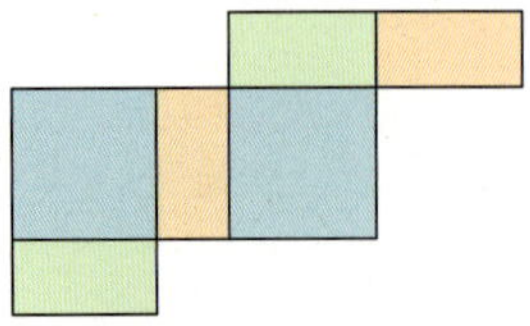

b)

d)

270

a)

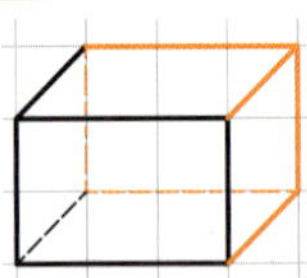

c)

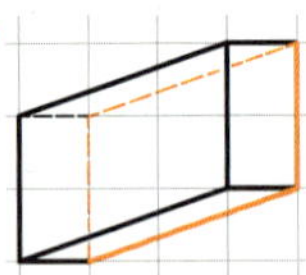

b)

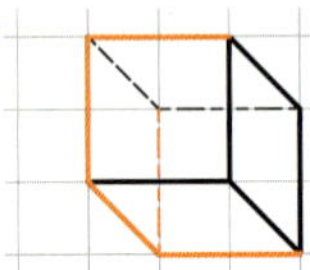

d)

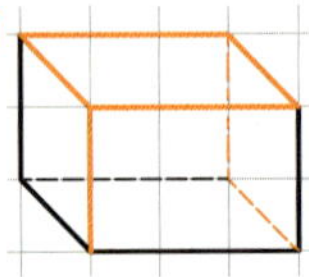

271

a) B **b)** D **c)** C **d)** A

272

a) A **b)** C

273

☒ ☐
☒ ☐
☐ ☒
☐ ☒
☒ ☐

274

a) 4,2
5700
0,7
2,05
600

b) 3,5
70
0,25
4050
650

275

a) 7 cm³ 250 mm³
8 cm³ 610 mm³
1 dm³ 200 cm³
1 m³ 350 dm³ 900 cm³
6 m³ 3 dm³
100 cm³

b) 2 l 5 dl
1 dl 2 cl 5 ml
36 hl 10 l
5 hl 30 l
6 cl 2 ml
2 l 3 dl 4 cl 5 ml

276

a) 3,045
6200
1,2
5,25
1,5
4500
1070
0,6
0,01
7

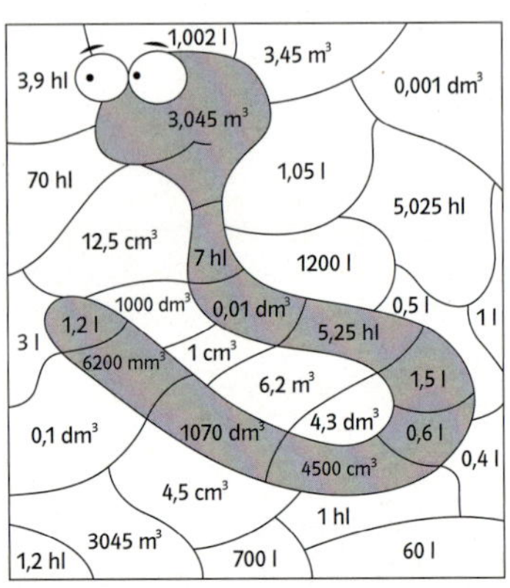

277

a)

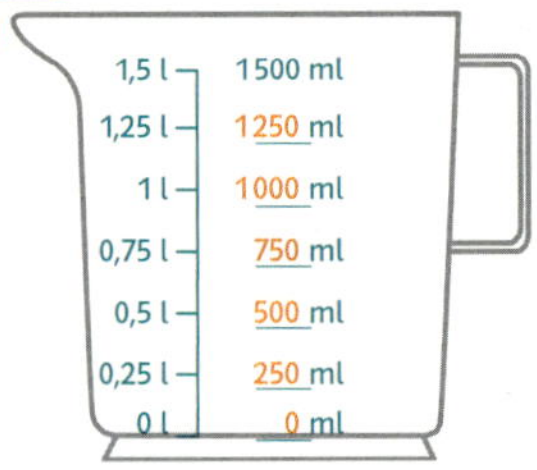

b)

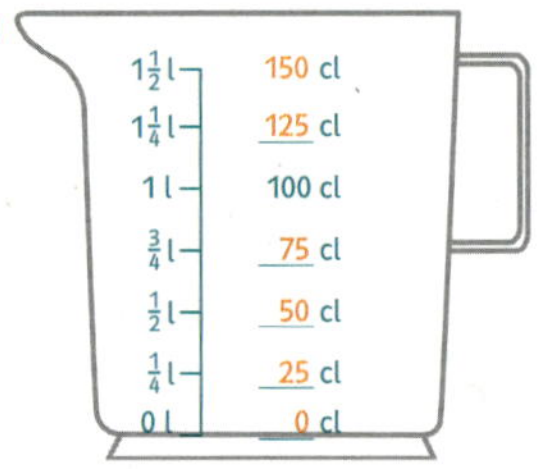

278

☒ ☐
☐ ☒
☒ ☐
☐ ☒

279

1) $V_1 = \mathbf{10 \cdot 8 \cdot 5}$ $V_1 = \mathbf{400}\,\text{cm}^3$
2) $V_2 = \mathbf{8 \cdot 8 \cdot 8}$ $V_2 = \mathbf{512}\,\text{cm}^3$
3) $V_3 = \mathbf{8 \cdot 12 \cdot 4}$ $V_3 = \mathbf{384}\,\text{cm}^3$
4) $V_4 = \mathbf{6 \cdot 6 \cdot 15}$ $V_4 = \mathbf{540}\,\text{cm}^3$

$V_3 < V_1 < V_2 < V_4$ Unterschied: **540** − **384** = **156** (cm³)

280

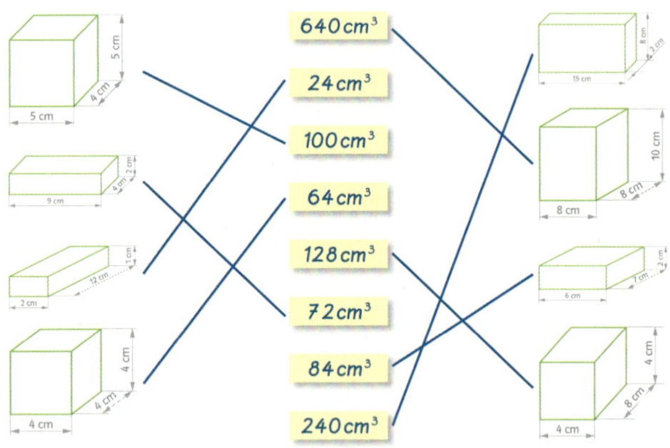

281

1) V = **3** · **2,5** · **2** = **15** (m³)
2) V = **50** · **30** · **40** = **60 000** (cm³) = **60** (dm³) = **60** (l)
3) 10 · 5 · 5 = 250
In den LKW passen höchstens **250** Umzugskartons.
Beachte: Die Kartons werden der Breite nach gestapelt.

282

V = a · b · h → V = G · h → h = V : G = 120 : 80 = 1,5
Der Quader ist **1,5** m hoch.

283

Das Schwimmbecken hat eine Tiefe von **2,5** m und fasst **1000** hl Wasser.

284

V = **65** · **38** · **40**
V = **98 800** cm³ = **98,8** dm³ = **98,8** l.

285

$V_O = \mathbf{6 \cdot 6 \cdot 3} = \mathbf{108}\,(\text{dm}^3)$
$V_W = \mathbf{3 \cdot 3 \cdot 3} = \mathbf{27}\,(\text{dm}^3)$
$V = V_O - V_W = \mathbf{108} - \mathbf{27} = \mathbf{81}\,(\text{dm}^3)$
Der verbleibende Mauerstein hat ein Volumen von **81** dm³.

286

a) $V_1 = 35 \cdot 40 \cdot 15 = 21\,000\,(cm^3) = 21\,(dm^3)$
$V_2 = 15 \cdot 40 \cdot 60 = 36\,000\,(cm^3) = 36\,(dm^3)$
$V_3 = 21\,(dm^3)$
$V = V_1 + V_2 + V_3 = 78\,dm^3$
Beachte: Der Körper kann auch durch zwei waagrechte Trennlinien in drei Quader geteilt werden.

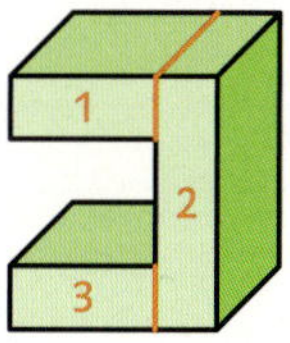

b) Masse = 78 · 50 dag = 3 900 dag = 39 kg

Der Körper hat ein Volumen von 78 dm^3 und eine Masse von 39 kg.

287

		Richtigstellung
☒	Der Oberflächeninhalt eines Quaders ist die Summe seiner sechs Begrenzungsflächeninhalt.	
☐	Den Oberflächeninhalt eines Körpers misst man mit Längenmaßen.	Flächenmaßen
☐	Für den Oberflächeninhalt O eines Würfels mit der Kantenlänge a gilt: $O = a \cdot 12$	$O = 6 \cdot a \cdot a$
☒	Besitzt ein Quader keine Deckfläche, so verringert sich sein Oberflächeninhalt.	
☒	Für den Oberflächeninhalt O eines Quaders gilt: $O = 2 \cdot G + M$	
☐	Mit der Formel $O = a \cdot a + 4 \cdot a \cdot h$ lässt sich der Oberflächeninhalt eines Quaders mit quadratischer Grundfläche berechnen.	$O = 2 \cdot a \cdot a + 4 \cdot a \cdot h$

288

(1) $O = 2 \cdot 3 \cdot 2 + 2 \cdot 3 \cdot 5 + 2 \cdot 2 \cdot 5 = 62\,(cm^2)$
(2) $O = 2 \cdot (3 \cdot 2 + 3 \cdot 5 + 2 \cdot 5) = 62\,(cm^2)$
(3) $O = 2 \cdot 3 \cdot 2 + 50 = 62\,(cm^2)$

289

$O = 6 \cdot 25 \cdot 25 = 3750\,(mm^2)$

290

☒
☒
☐
☒
☐

291

O … richtig
$V = a \cdot b \cdot h = 40 \cdot 15 \cdot 20 = 12\,000\,(mm^3) = 12\,(cm^3)$

292

55 m^2

293

	Aussage
☒	$V = p \cdot q \cdot r$
☐	$r = V - p - q$
☐	Das Rechteck WXYZ ist die Grundfläche des Quaders.
☐	$O = p \cdot q + p \cdot r + q \cdot r$
☒	ST ∥ VU ∥ WX ∥ ZY

294

Quader 1: $V = 48\,cm^3$, $O = 88\,cm^2$;
Quader 2: $h = 4\,dm$, $O = 52\,dm^2$;
Quader 3: $V = 9200\,mm^3$, $O = 3100\,mm^2$

295

$a \cdot a = O : 6 = 24 : 6 = 4 \rightarrow a = 2\,cm$

296

B: $O = 150\,cm^2$ **D:** $O = 1200\,cm^2$

297

Papier: $2 \cdot 40 \cdot 40 + 4 \cdot 40 \cdot 25 = 7200\,(cm^2)$
Band: $4 \cdot 40 + 4 \cdot 25 = 260\,(cm)$
Sheila benötigt 0,72 m^2 Papier und 3,1 m Geschenkband.
3 m Band reichen nicht aus.

12 Datenmengen

298

1) Häufigkeit: 5 7 4 3 6
2) 25
3) 0 2 4 6 8

299

1) Häufigkeit: 6 3 7 1 2 5
2) 24
3) gelb lila orange rot blau grün

300

Grafik **B**

301

175 Schülerinnen und Schüler
11–20 Minuten
17 Befragte
20 Minuten oder kürzer

302

400 Schülerinnen und Schüler
1–2 Stunden
machten keine Angabe
weniger als 2 Stunden

303

1) 124, 125, 126, 127, 129, 129, 130, 133, 134, 135, 136, 136, 136, 137, 138, 139, 142, 143, 145, 146
2) 124 cm; 146 cm; 22 cm
3) 136 cm
4) 134,5 cm

304

1) Eli 25 Max 20 Lena 45 Niko 35
2) 20 Minuten, 45 Minuten; 25 Minuten
3) durchschnittlich 32 Minuten

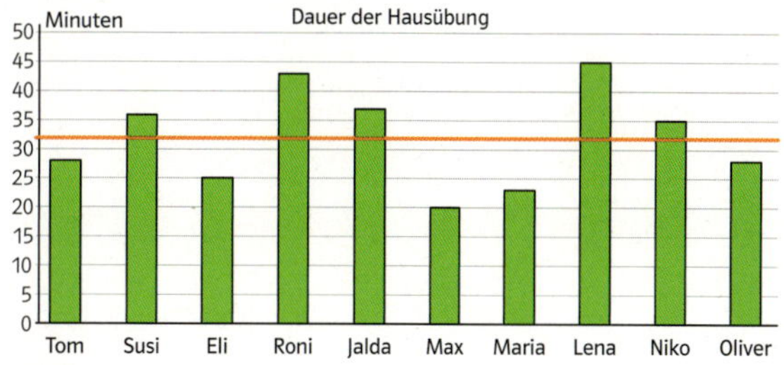

305

1) 23 km; 52 km
2) durchschnittlich 36,5 km

306

1) Beruf
2) Stadt
3) Spalte C
4) Spalte E
5) Name
6) Beruf

Abschlussrätsel

307

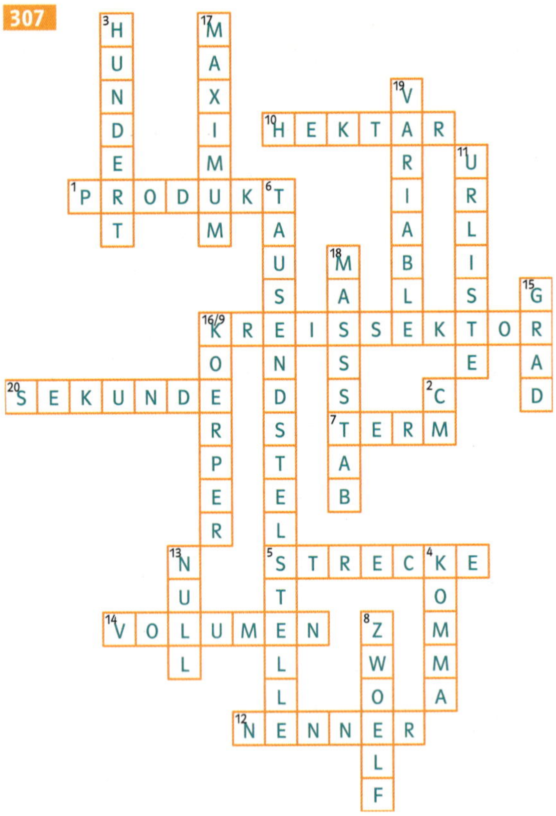

6 Mit Variablen arbeiten

I **172** Vervollständige den Satz durch Ankreuzen der richtigen Textbausteine so, dass er mathematisch korrekt ist!

__①__, die man beispielsweise durch eine Strecke darstellen kann, nennt man __②__.

①	②
☐ Buchstaben	☐ Gleichung
☐ Eine unbestimmte Zahl	☐ unbekannt
☐ Mathematische Sachverhalte	☐ Variable

O **173** Ergänze die folgende „Rechenwand"! Für die Variablen setze bei **a)**, **b)** und **c)** die in der Tabelle vorgegebenen Werte ein! Rechne im Kopf! Bei **d)** rechne allgemein und fasse zusammen!

	a	b	c	d	e	f
a)	1	2	3	4	5	6
b)	2	3	4	5	6	7
c)	3	4	5	6	7	8

a)

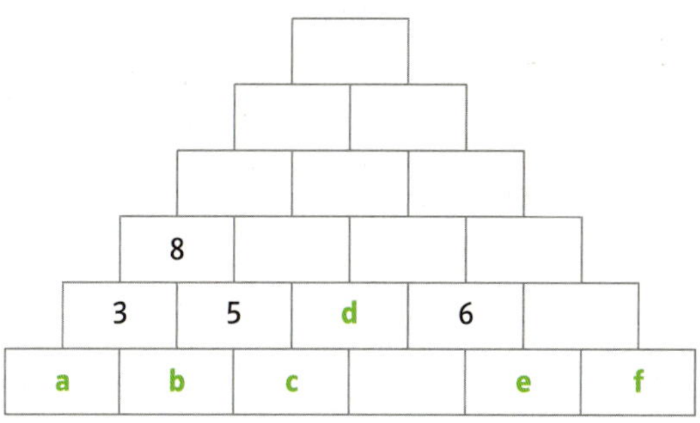

c)

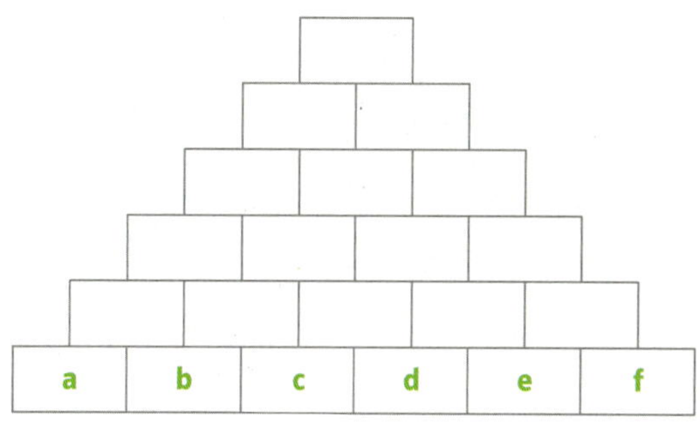

b)

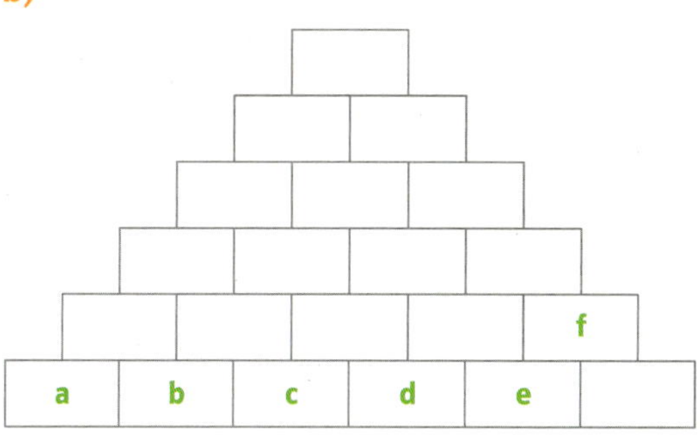

d)

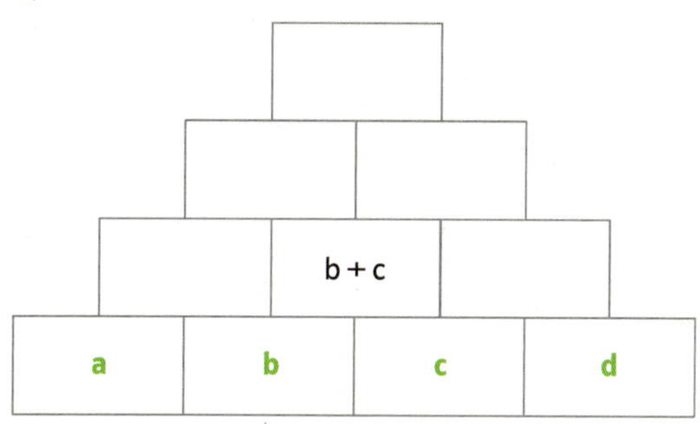

D I **174** Notiere einen zum Text passenden Term!

a) das Dreifache einer Zahl	
b) Vermindere eine Zahl um 6!	
c) die Hälfte einer Zahl	
d) Subtrahiere 5 vom Doppelten einer Zahl!	
e) Addiere das Dreifache und das Achtfache einer Zahl!	
f) Verfünffache die Summe aus einer Zahl und 7!	
g) Addiere 19 zum vierten Teil einer Zahl!	
h) Addiere das Dreifache einer Zahl zum Fünffachen dieser Zahl und multipliziere die Summe mit 5!	
i) Subtrahiere das Dreifache einer Zahl von ihrem Vierfachen!	
j) Vermehre eine Zahl um 7!	

D I **175** Notiere zu jedem Term einen passenden Text!

a) $7 \cdot x$	
b) $x : 5$	
c) $x + 12$	
d) $x - 10$	
e) $3 \cdot (x + 7)$	
f) $3 \cdot x - 15$	
g) $x : 4 + 22$	
h) $10 : (3 \cdot x)$	

O **176** Setze die in der ersten Spalte angegebene Zahl für x ein und schreibe die Ergebnisse in die dafür vorgesehenen Felder der Tabelle!

		$x+1$	$x \cdot x$	$x:1$	$x+x+2 \cdot x$	$x-x$	$x:x$
a)	$x=1$						
b)	$x=2{,}5$						
c)	$x=2$						
d)	$x=0{,}5$						
e)	$x=0{,}2$						

Gleichungen

D I **177**

(1)

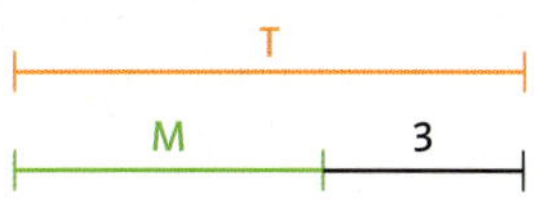

(2)

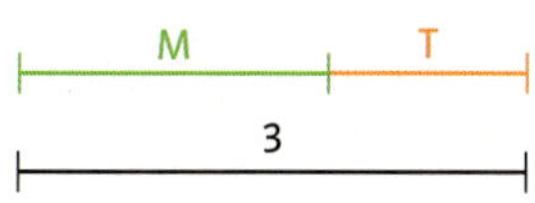

(3)

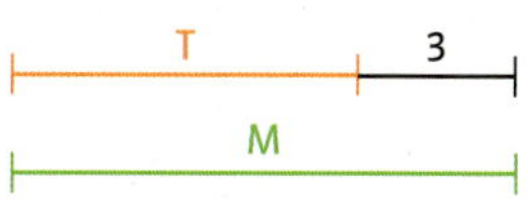

a) Welche Streckendarstellung passt zu welchem Text, wenn die Variable T für die Anzahl der Geschwister von Tamara und M für die Anzahl der Geschwister von Maria steht? Schreibe die passende Nummer in das Kästchen vor den Text! Passen keine Streckendarstellungen zum Text, notiere ein Kreuz!

☐ Maria hat um drei Geschwister mehr als Tamara.

☐ Maria und Tamara haben gleich viele Geschwister.

☐ Maria hat um drei Geschwister weniger als Tamara.

☐ Tamara hat um drei Geschwister mehr als Maria.

☐ Tamara hat drei Geschwister.

☐ Tamara und Maria haben zusammen drei Geschwister.

b) Stelle zu den Streckendarstellungen (1), (2) und (3) alle möglichen Gleichungen auf, die du ablesen kannst!

(1) ____________ **(2)** ____________ **(3)** ____________

____________ ____________ ____________

____________ ____________ ____________

I **178** Herr Freisinger arbeitet als technischer Mitarbeiter bei einer Aufzugsfirma. Eine bestimmte Anzahl T seiner Außendiensteinsätze sind technische Angelegenheiten, die Anzahl W der anderen Einsätze sind Wartungsarbeiten. Schreibe in Worten auf, was die folgenden Gleichungen bedeuten!

(1) $T - W = 123$ **(2)** $T + W = 225$ **(3)** $W + 123 = T$

(1) ______________________________

____

(2) ______________________________

____

(3) ______________________________

____

D O I **179** Erstelle eine zu den Streckendarstellungen passende Gleichung und löse diese!

a)
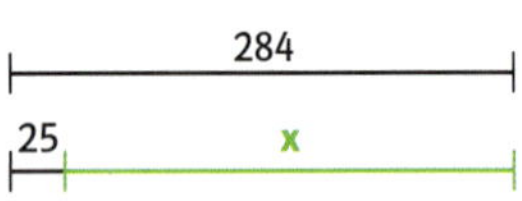

Gleichung:

____

____

____

b)
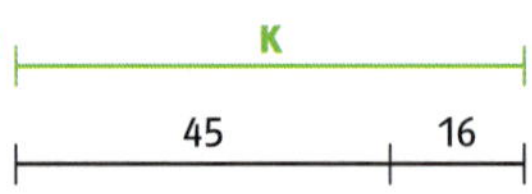

Gleichung:

____

____

____

c)
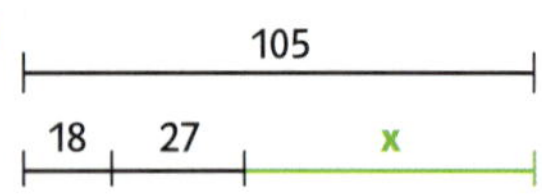

Gleichung:

____

____

____

Direkte Proportionalität

D I **180** Max fliegt mit dem Flugzeug das erste Mal in die USA. Nach drei Stunden ist er exakt 3 300 km weit geflogen. Nimm an, er fliegt mit gleichbleibender Geschwindigkeit weiter.

1) Ergänze die Tabelle!
2) Stelle die Zuordnung „Zeit in h“ und „Entfernung in km“ in dem Diagramm dar und lies daraus ab, wie lange Max fliegt um 8 200 km zurückzulegen!

Zeit in h	Entfernung in km
1	
2	
3	
6	
	8 200

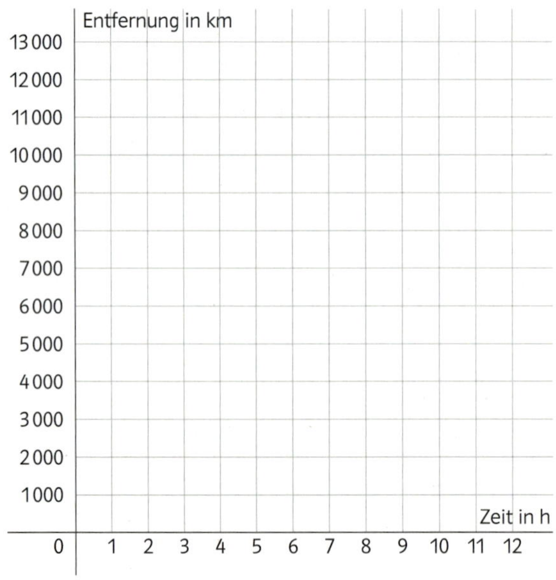

7 Einführung in die Geometrie

I **181** Betrachte die Abbildungen und ergänze den Text durch Zuordnen der Begriffe!

Eine gerade Linie mit einem Anfangs- und einem Endpunkt nennt man ______________ .

Eine gerade Linie mit einem Anfangs-, aber keinem Endpunkt nennt man ______________ .

Eine gerade Linie ohne Anfangs- und Endpunkt nennt man ______________ .

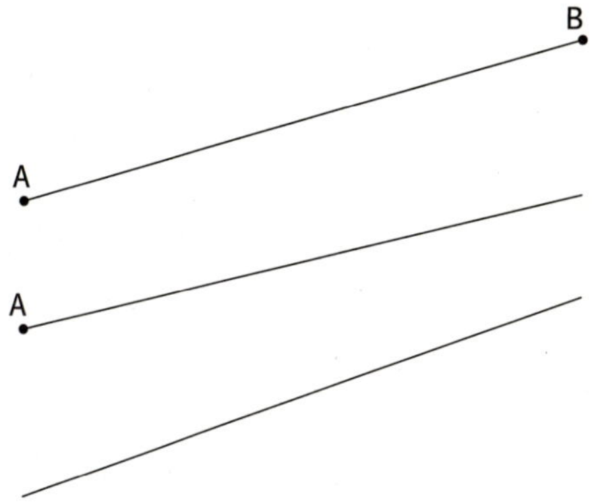

Gerade *Strecke* *Strahl*

0 **182** Zeichne die Strecke und miss deren Länge!

a) Strecke AB

$\overline{AB}$ = ______ mm

b) Strecke CD

$\overline{CD}$ = ______ mm

c) Strecke EF

$\overline{EF}$ = ______ mm

I **183** Betrachte die Abbildung und kreuze die richtigen Aussagen an!

- ☐ $P \in AB$
- ☐ $S \notin AB$
- ☐ $R \notin AB$
- ☐ $S \in AB$
- ☐ $Q \in AB$
- ☐ $A \in AB$
- ☐ $B \notin AB$
- ☐ $P \notin AB$

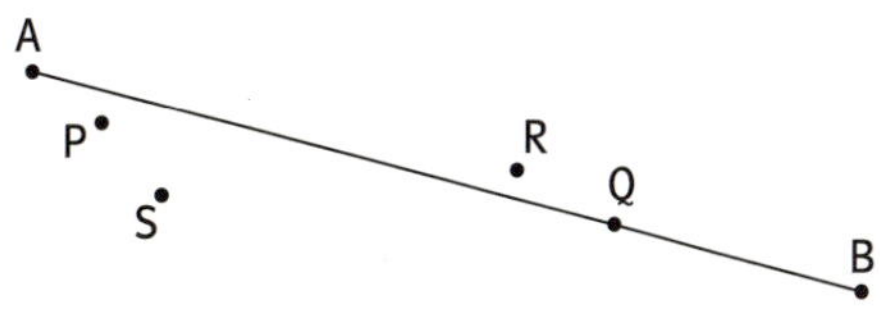

I **184** Überprüfe mit dem Geodreieck, ob die abgebildeten Strecken parallel sind oder nicht! Setze das richtige Symbol („∥" für „parallel", „∦" für „nicht parallel") ein!

a ________ b   a ________ c

b ________ c   b ________ d

c ________ d   a ________ d

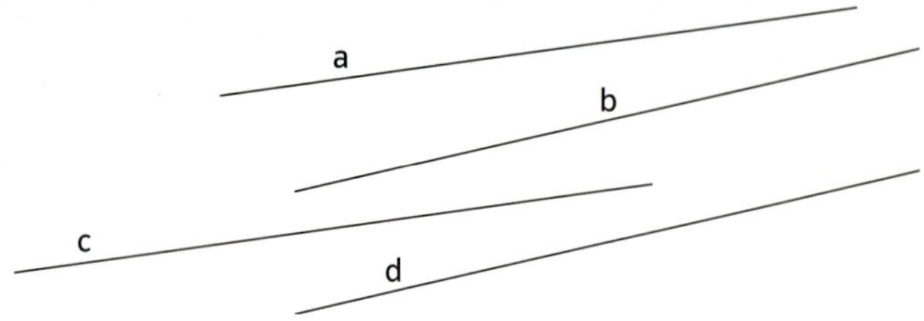

I **185** Überprüfe mit dem Geodreieck, ob die abgebildeten Strecken zueinander normal sind oder nicht! Setze das richtige Symbol („⊥" für „normal", „⊥̸" für „nicht normal") ein!

a ________ b   a ________ c

b ________ c   b ________ d

c ________ d   a ________ d

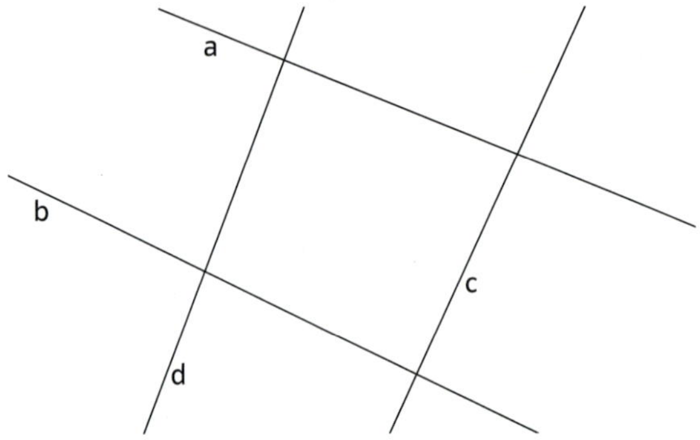

D I **186** Unsere Augen lassen sich manchmal täuschen. Sind die färbigen Linien parallel oder nicht?

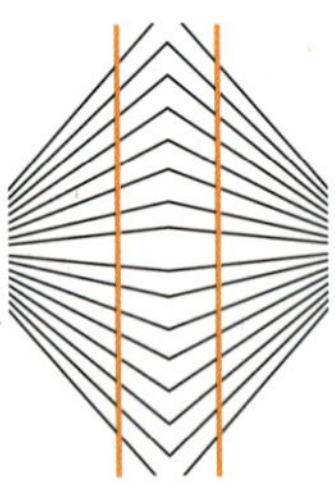

☐ Ja. ☐ Nein.

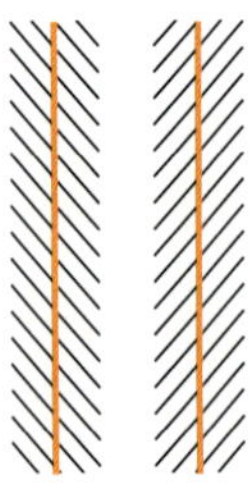

☐ Ja. ☐ Nein.

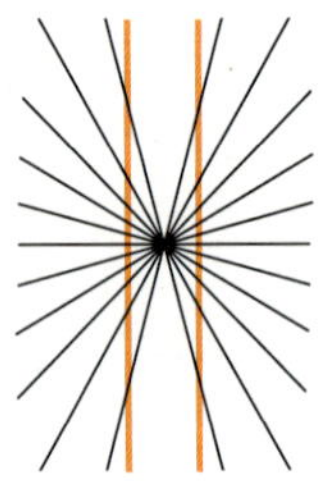

☐ Ja. ☐ Nein.

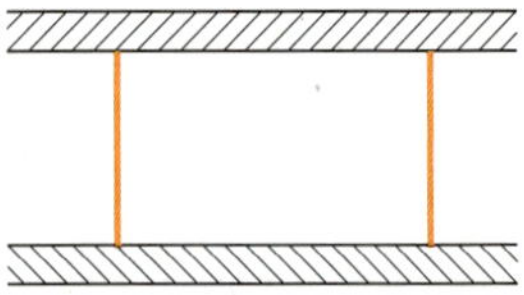

☐ Ja. ☐ Nein.

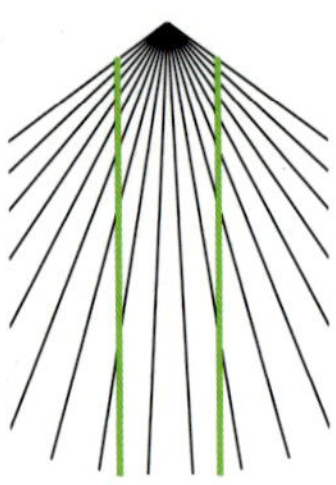

☐ Ja. ☐ Nein.

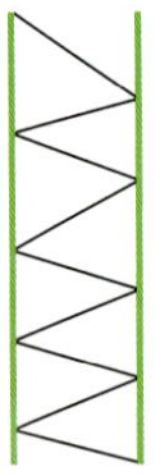

☐ Ja. ☐ Nein.

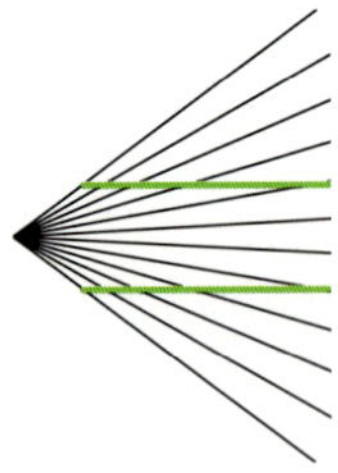

☐ Ja. ☐ Nein.

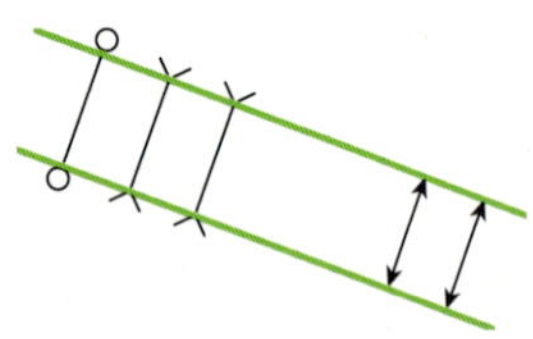

☐ Ja. ☐ Nein.

O **187** Konstruiere zur Geraden g **1)** eine Gerade p, die parallel zu g ist, **2)** eine Gerade n, die normal zu g ist!

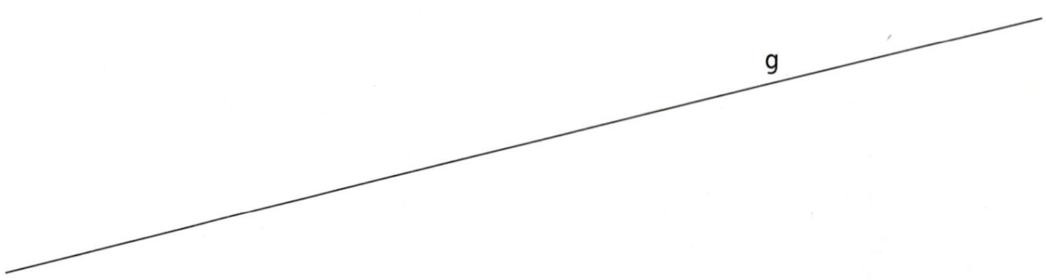

O A **188** Gib den kürzesten Abstand d_A des Punktes A von der Geraden g an, ebenso den kürzesten Abstand d_B des Punktes B von der Geraden g und den kürzesten Abstand d_C des Punktes C von der Geraden g! Beschreibe, wie du diese Abstände ermittelst!

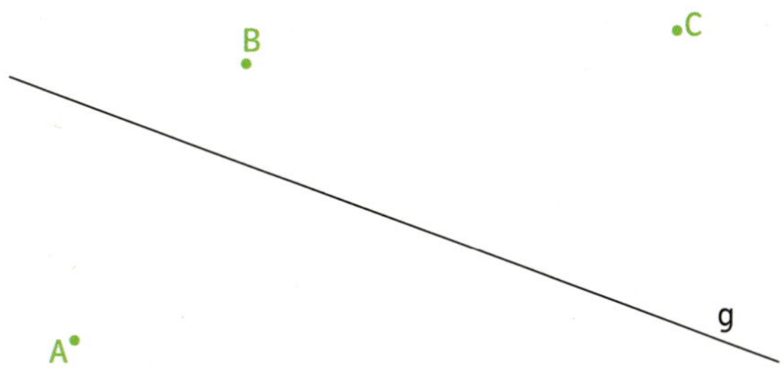

d_A = ________ mm

d_B = ________ mm

d_C = ________ mm

Beschreibung: ____________________

____

____

____

D I **189** Gib die Anzahl der Schnittpunkte der Geraden a, b, c und d an! Beachte, dass es sich hierbei nur um Ausschnitte der Geraden handeln kann!

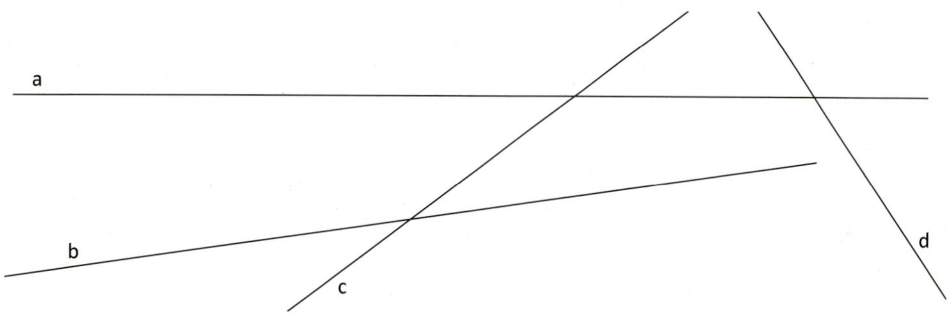

Anzahl der Schnittpunkte: ____________

I **190** Betrachte die Abbildung und ergänze den Text durch Zuordnen der Begriffe!

Ein ____________ besteht aus zwei ____________, die man die ____________ a und b nennt. Diese gehen von einem ____________ aus, den man ____________ S nennt.

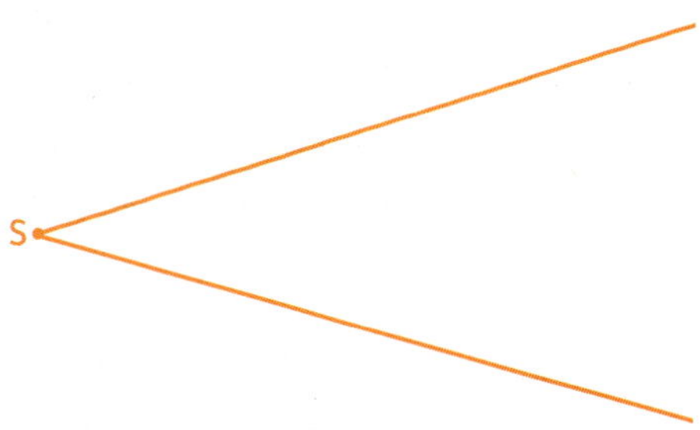

Scheitel *Winkel* *Schenkel* *Punkt* *Strahlen*

D **191** Zeichne in den Winkel einen Winkelbogen so ein, dass jenes Winkelfeld mit dem kleineren Winkelmaß markiert ist!

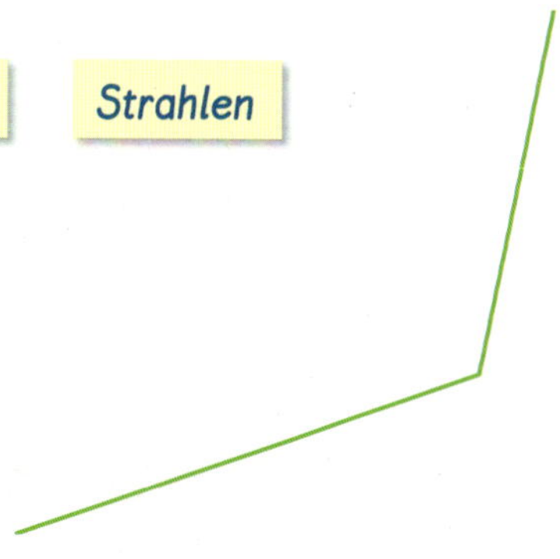

I **192** Schreibe die korrekte Winkelart unter die abgebildeten Winkel!

1) 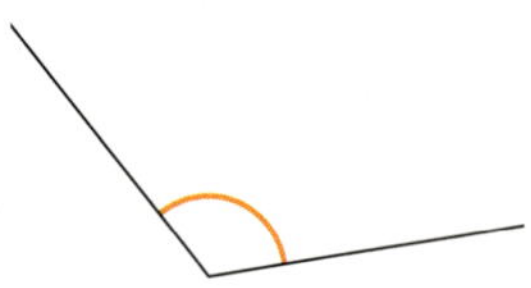

____

2) 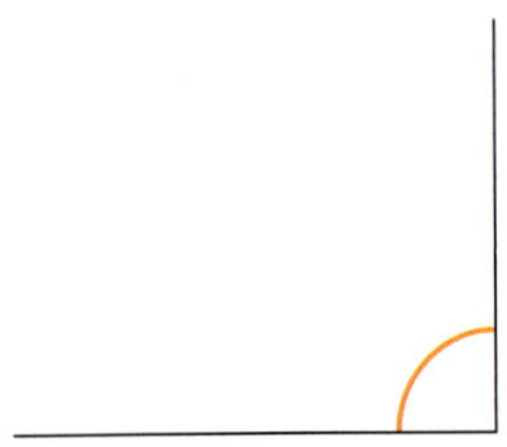

____

3) 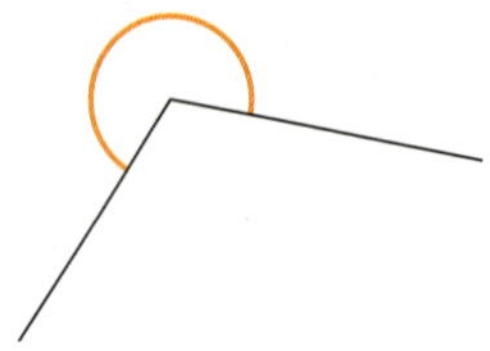

____

4) 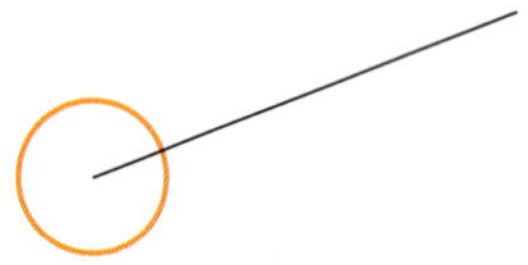

____

5) 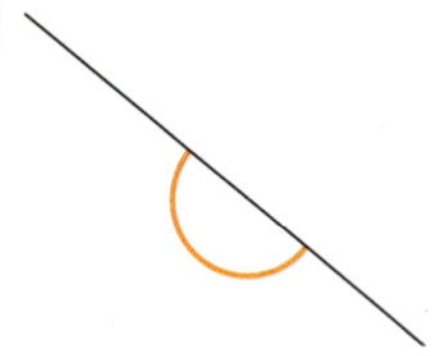

____

6) 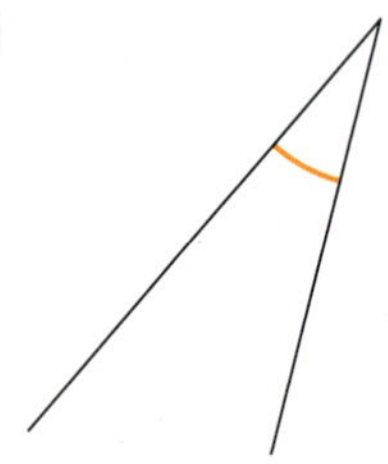

____

I **193** Gib das Maß des gezeichneten Winkels an!

a) 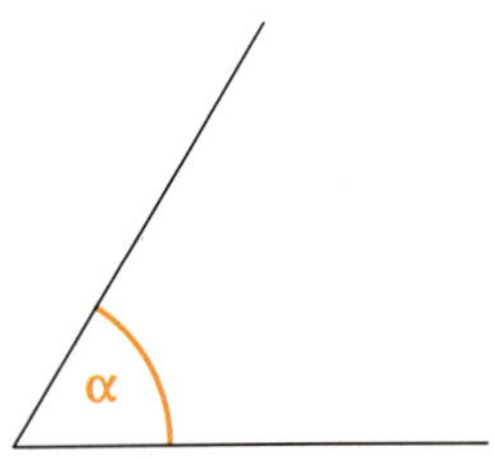

$\alpha =$ ___________

b) 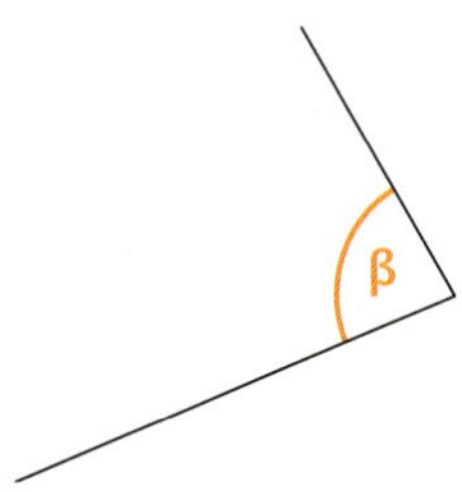

$\beta =$ ___________

c) 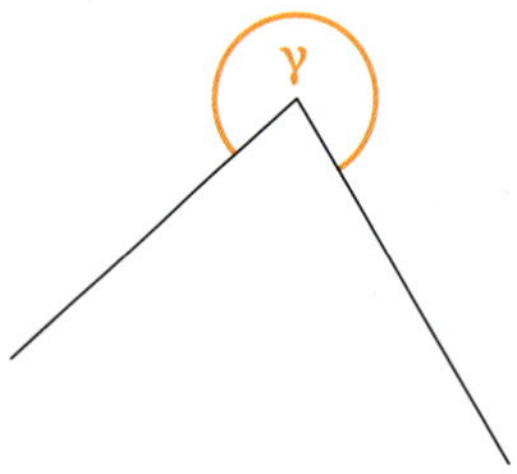

$\gamma =$ ___________

d) 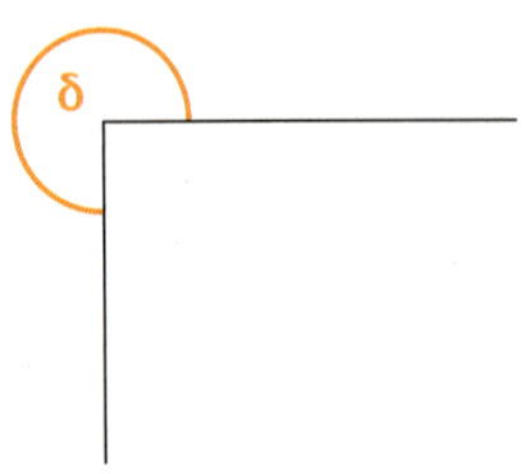

$\delta =$ ___________

e) 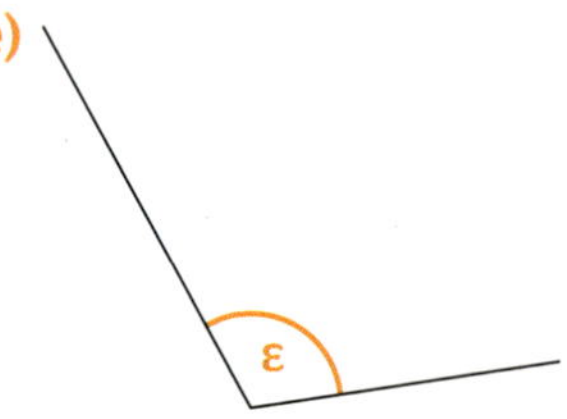

$\varepsilon =$ ___________

f) 

$\zeta =$ ___________

D I **194**

1) Welches Maß hat ein Winkel, dessen Schenkel zueinander normal stehen?
Beachte: Es gibt zwei Möglichkeiten.

_____________________ oder _____________________

2) Welches Maß hat ein Winkel, dessen Schenkel zusammenfallen?
Beachte: Es gibt zwei Möglichkeiten.

_____________________ oder _____________________

3) Welches Maß hat ein Winkel, dessen Schenkel auf einer Geraden liegen, aber nicht zusammenfallen?

____

D O **195** Konstruiere einen Winkel mit dem angegebenen Maß!

a) $\alpha = 73°$ **c)** $\gamma = 158°$ **e)** $\varepsilon = 190°$

b) $\beta = 25°$ **d)** $\delta = 102°$ **f)** $\zeta = 345°$

I **196** Welches Winkelmaß ist korrekt? Kreuze an! Entscheide dich, ohne nachzumessen!

a)

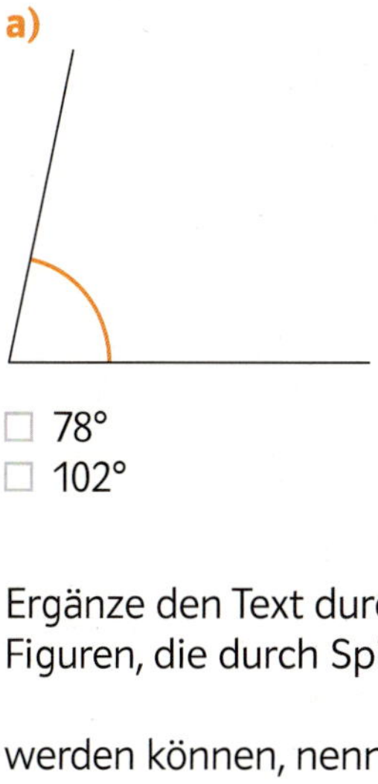

☐ 78°
☐ 102°

b)

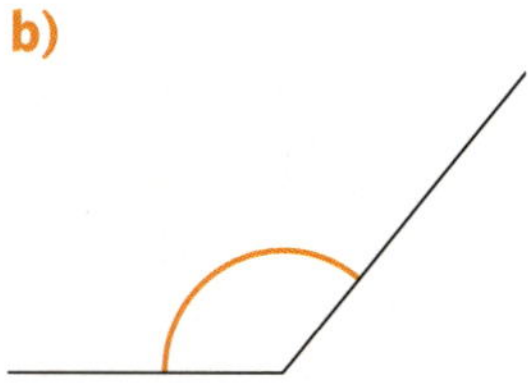

☐ 50°
☐ 130°

c)

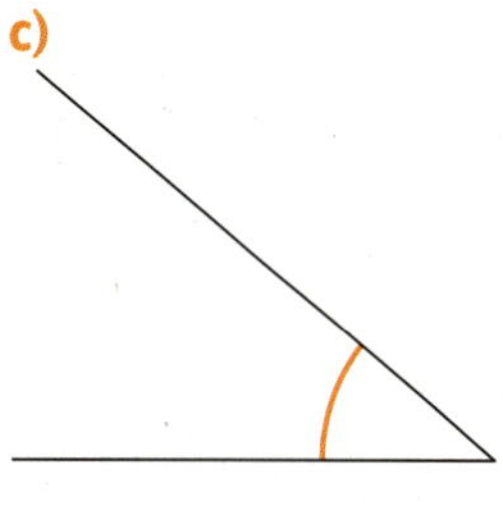

☐ 39°
☐ 141°

d)

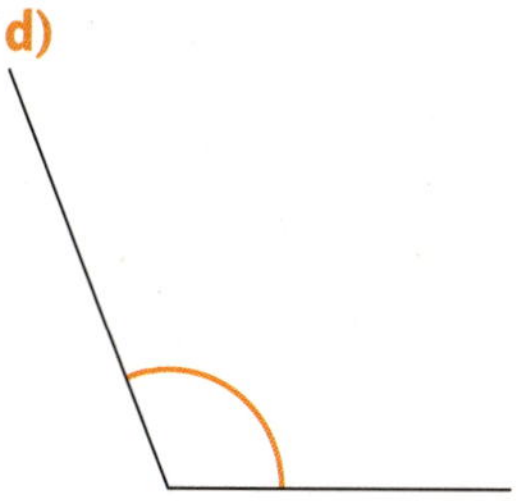

☐ 68°
☐ 112°

I **197** Ergänze den Text durch Zuordnen der Begriffe!

Figuren, die durch Spiegelung an einer geraden Linie mit sich selbst zur Deckung gebracht werden können, nennt man ____________________. Die gerade Linie ist ____________________. Figuren, die durch Spiegelung an einem Punkt mit sich selbst zur Deckung gebracht werden können, nennt man ____________________. Der Punkt ist ____________________.

punktsymmetrisch *das Symmetriezentrum*

die Symmetrieachse *achsensymmetrisch*

0 **198** Zeichne in die Figur alle möglichen Symmetrieachsen ein!

a) 

b) 

c) 

d) 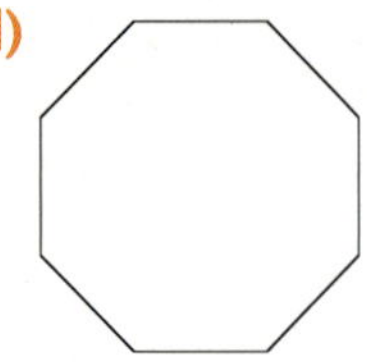

0 **199** Vervollständige zu achsensymmetrischen Figuren!

a)

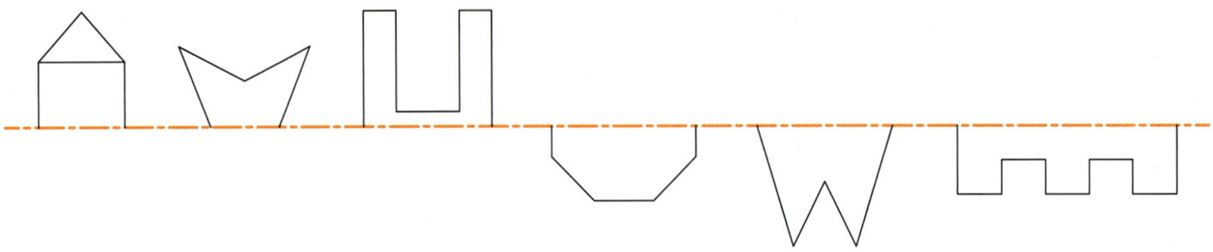

b) 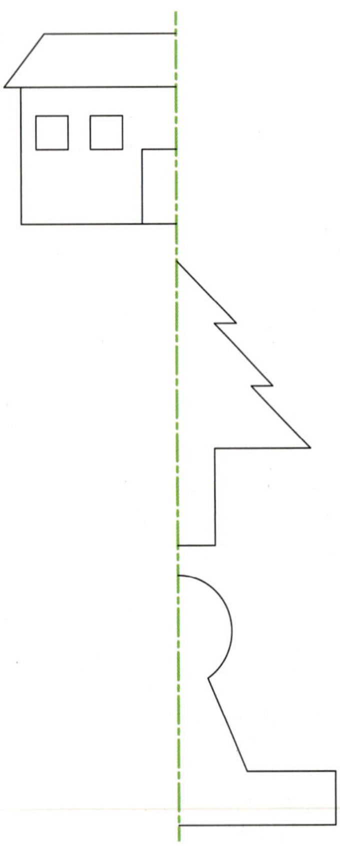

c) 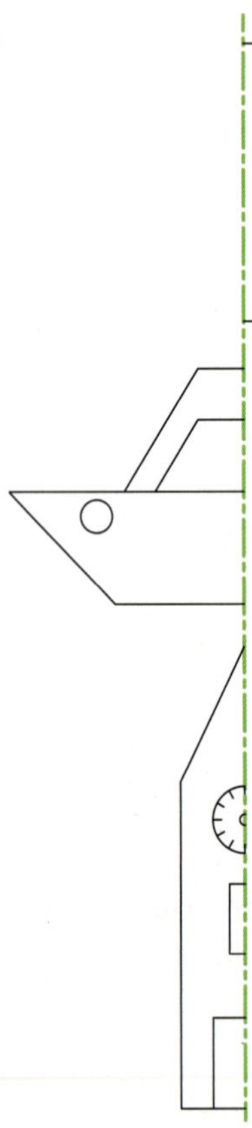

d) 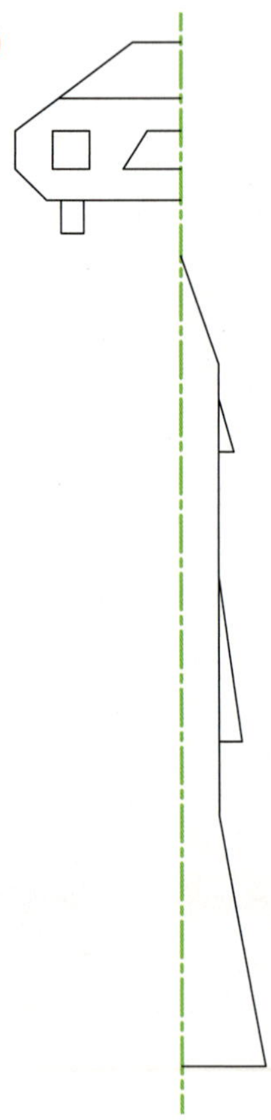

0 **200** Vervollständige zu einer punktsymmetrischen Figur mit dem Symmetriezentrum Z!

a)

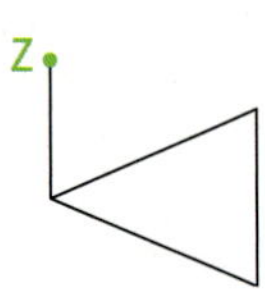

b)

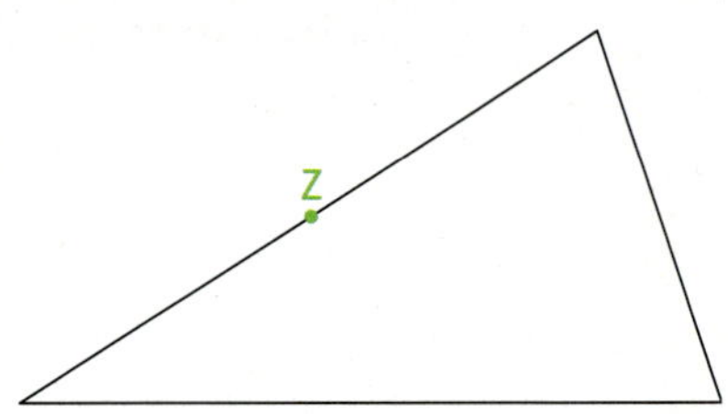

8 Kreis und Kreisteile

I **201** Betrachte die Abbildung und ergänze den Text durch Zuordnen der Begriffe!

Alle Punkte einer ____________ k haben vom

____________ M des Kreises denselben Abstand,

nämlich den ____________ r.

Die Strecke von Kreisrand zu Kreisrand durch ____________

nennt man den ____________ d.

Die Punkte ________, ________ und ________ liegen auf k.

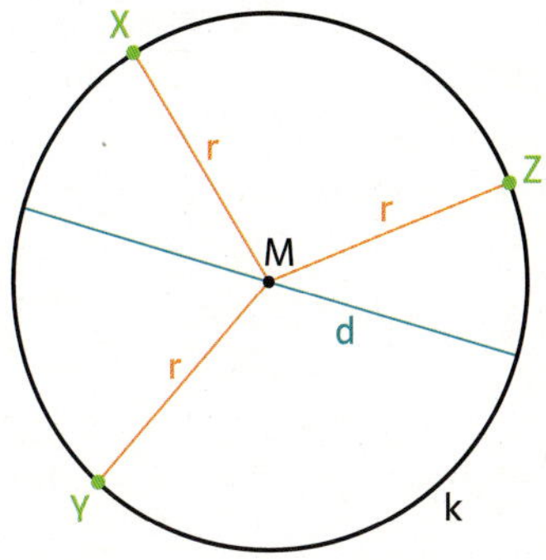

Radius | *Mittelpunkt* | *X* | *Y* | *Z* | *M* | *Durchmesser* | *Kreislinie*

O **202** Es sei M der Mittelpunkt eines Kreises.
P und Q seien Punkte auf der Kreislinie k.

1) Konstruiere mit dem Zirkel die Kreislinie k!

2) Miss die Länge des Radius r und des Durchmessers d!

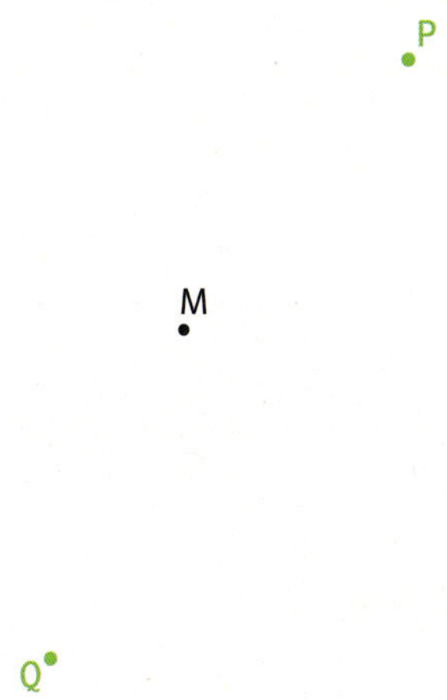

O **203**

a) Konstruiere um den Mittelpunkt M die Kreislinie k eines Kreises mit dem Radius r = 25 mm! Wie lang ist der Durchmesser d?

M

d = ____________ mm

b) Konstruiere um den Mittelpunkt M die Kreislinie k eines Kreises mit dem Radius r = 3 cm! Wie lang ist der Durchmesser d?

M

d = ____________ cm

0 I **204** Stelle fest, welche Punkte von M denselben Abstand haben wie der Punkt A und ergänze danach die Tabelle!

Punkte, die denselben Abstand zu M haben wie A	Punkte, die einen kleineren Abstand zu M haben als A	Punkte, die einen größeren Abstand zu M haben als A

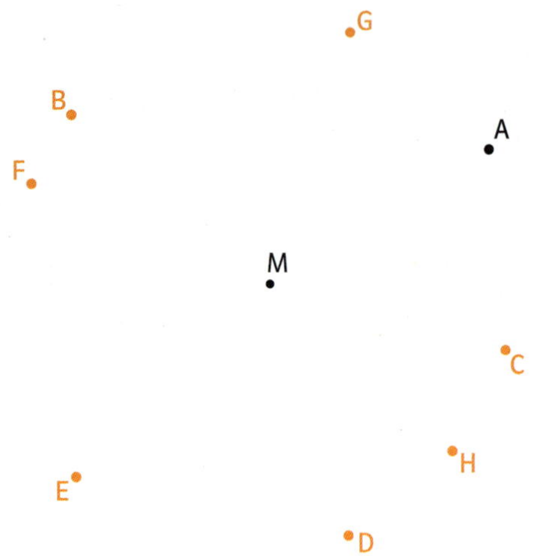

I **205** Betrachte die Abbildung und ergänze den Text durch Zuordnen der Begriffe!
Eine Strecke, die zwei Punkte einer Kreislinie miteinander

verbindet, nennt man ______________________ s.

Zwei Punkte einer Kreislinie teilen die Kreislinie in

zwei ______________________ b_1 und b_2.

Die beiden ______________________ sind stets länger als

die zugehörige ______________________.

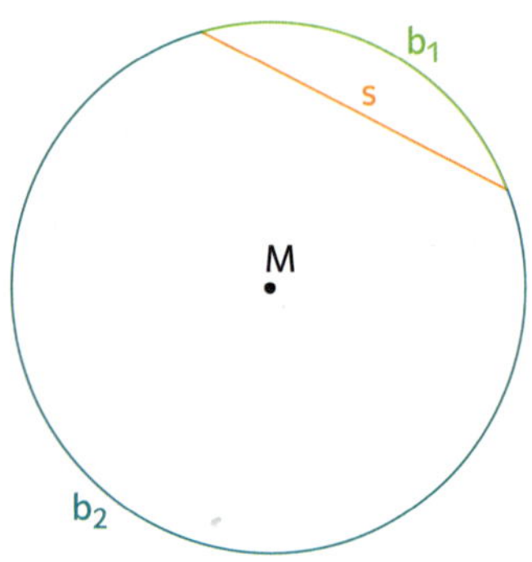

Kreisbögen | Kreisbögen | Kreissehne | Kreissehne

0 **206** **a)** Konstruiere vom Punkt S aus zwei Kreissehnen s_1 und s_2, die jeweils eine Länge von 35 mm haben sollen!

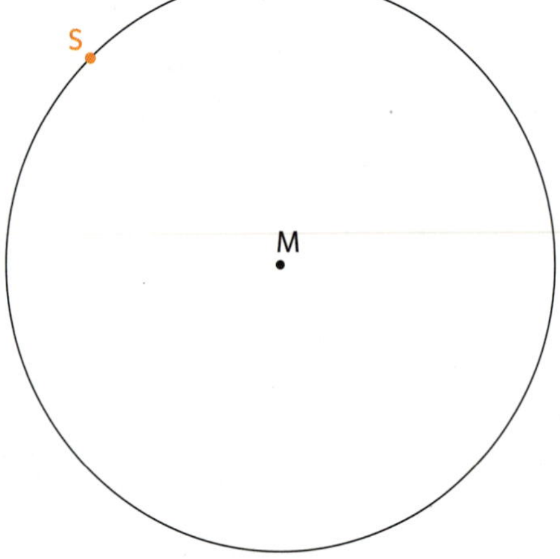

b) Konstruiere vom Punkt S aus eine Kreissehne s, die eine Länge von 5 cm haben soll, und beschrifte die beiden Kreisbögen mit b_1 und b_2!

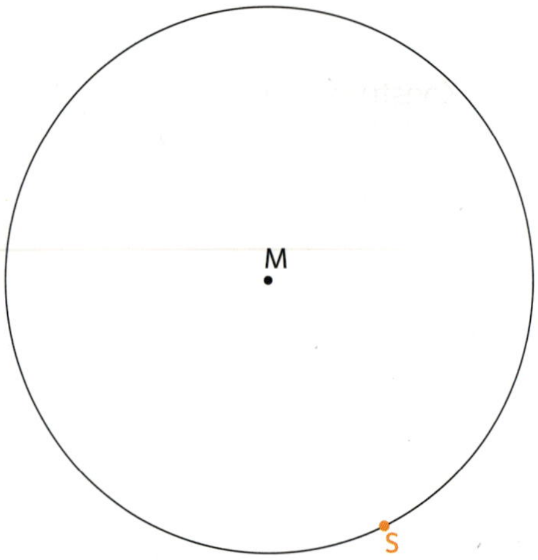

0 **207** Ein Kreis hat den Radius $r = 7\,cm$. Gib das Maß der längstmöglichen Sehne in diesem Kreis an!

s = ______________________ cm

I **208** Wie viele gemeinsame Punkte haben die beiden Kreislinien k_1 und k_2?

a) k_1 berührt k_2 von innen. Anzahl der gemeinsamen Punkte: ____________

b) k_1 umschließt k_2. Anzahl der gemeinsamen Punkte: ____________

c) k_1 und k_2 schneiden einander. Anzahl der gemeinsamen Punkte: ____________

d) k_1 und k_2 sind konzentrisch. Anzahl der gemeinsamen Punkte: ____________

e) k_1 berührt k_2 von außen. Anzahl der gemeinsamen Punkte: ____________

f) k_1 liegt außerhalb von k_2. Anzahl der gemeinsamen Punkte: ____________

0 **209** Konstruiere zu k_1 drei weitere Kreislinien k_2, k_3 und k_4 von konzentrischen Kreisen!

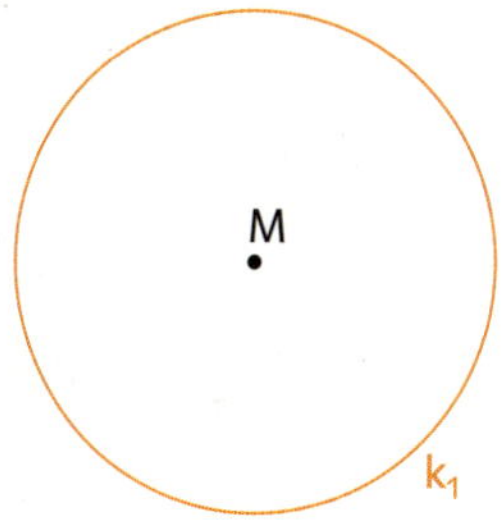

0 **210** **a)** Konstruiere um den Mittelpunkt M_1 eine Kreislinie k_1, die k_2 von außen berührt!

b) Konstruiere um den Mittelpunkt M_1 eine Kreislinie k_1, die k_2 in zwei Punkten schneidet!

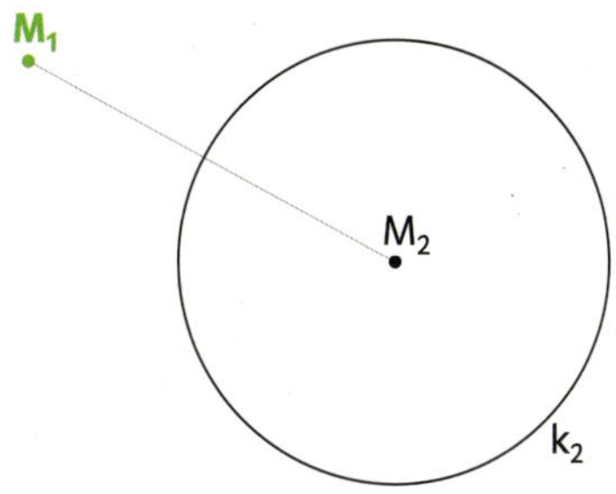

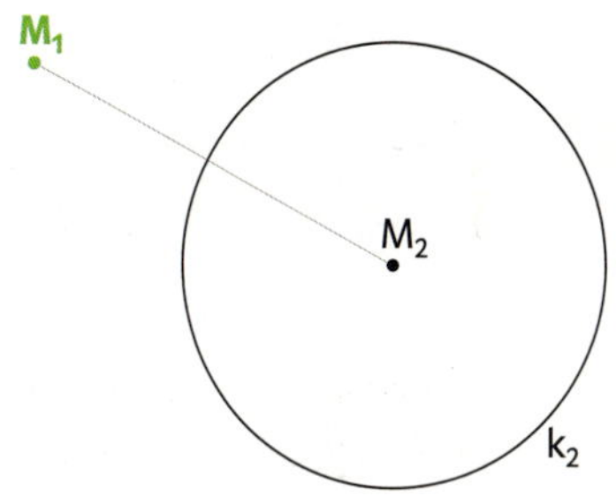

0 **211** **a)** Konstruiere um den Mittelpunkt M_1 eine Kreislinie k_1, die k_2 von innen berührt!

b) Konstruiere um den Mittelpunkt M_1 eine Kreislinie k_1, die k_2 umschließt!

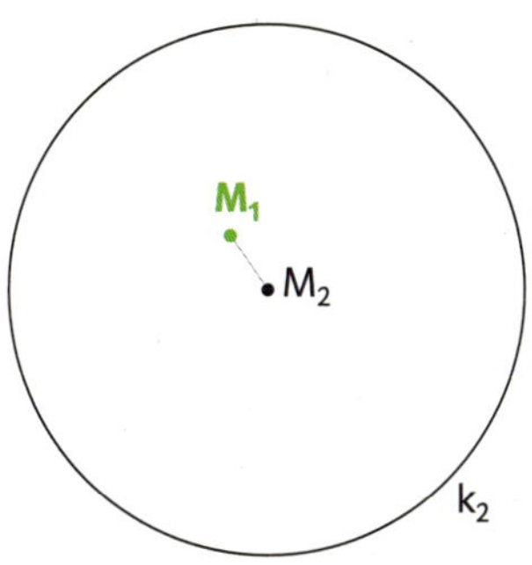

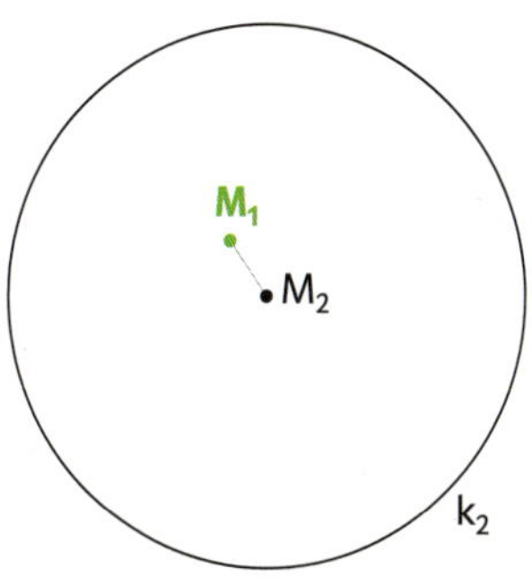

I **212** Betrachte die Abbildung und ergänze den Text durch Zuordnen der Begriffe!
Die Gerade g_1 schneidet die Kreislinie k in zwei Punkten A und B.

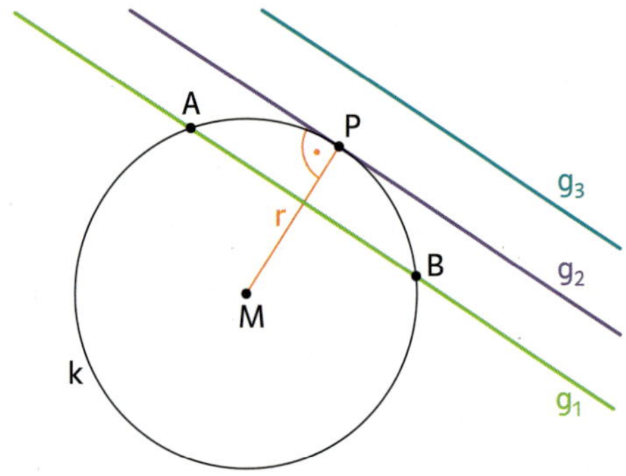

Man nennt g_1 eine ______________________.

Die Gerade g_2 berührt die Kreislinie k in einem Punkt P.

Man nennt g_2 eine ______________________.

Sie steht ______________________ zu MP = r.

Die Gerade g_3 hat mit der Kreislinie k keine Punkte gemeinsam.

Man nennt g_3 eine ______________________.

Kreispassante | *Kreissekante* | *Kreistangente* | *normal*

O **213** Gegeben ist eine Kreislinie k.

a) Konstruiere zwei Kreispassanten zu k und benenne sie p_1 und p_2!

b) Konstruiere zwei Kreissekanten zu k und benenne sie s_1 und s_2!

c) Konstruiere zwei Kreistangenten zu k und benenne sie t_1 und t_2!

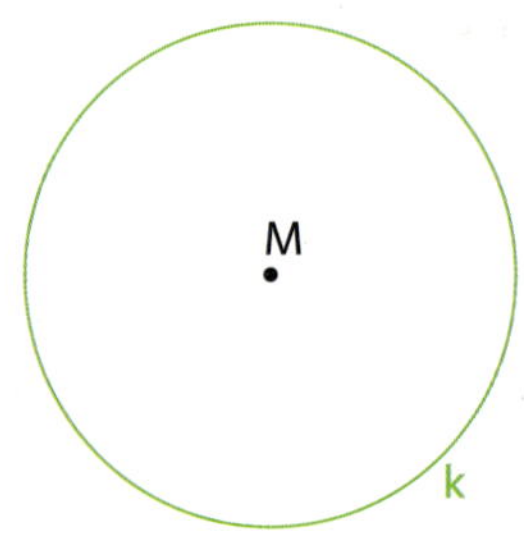

O **214** Gegeben sind eine Gerade g und ein Punkt M.

a) Konstruiere eine Kreislinie k_1 um M so, dass g eine Kreistangente zu k_1 ist!

b) Konstruiere eine Kreislinie k_2 um M so, dass g eine Kreispassante zu k_2 ist!

c) Konstruiere eine Kreislinie k_3 um M so, dass g eine Kreissekante zu k_3 ist!

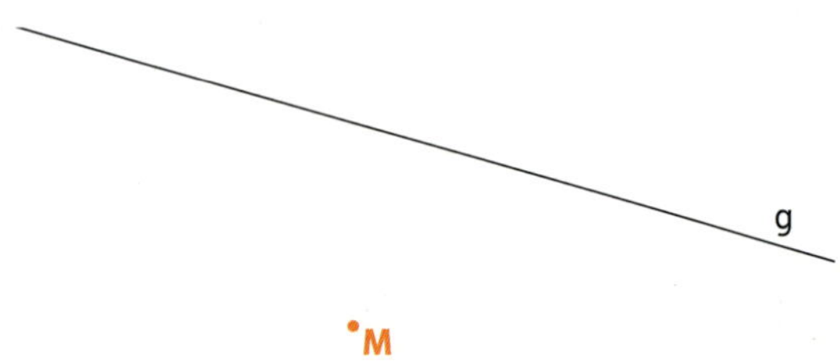

O **A** **215** Beschreibe in eigenen Worten!

Eine Kreislinie ist ____

____

____

Eine Kreisfläche ist ____

____

____

I **216** Betrachte die Abbildungen und ergänze den Text durch Zuordnen der Begriffe!

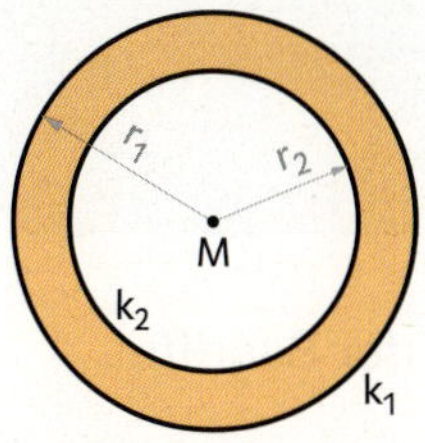

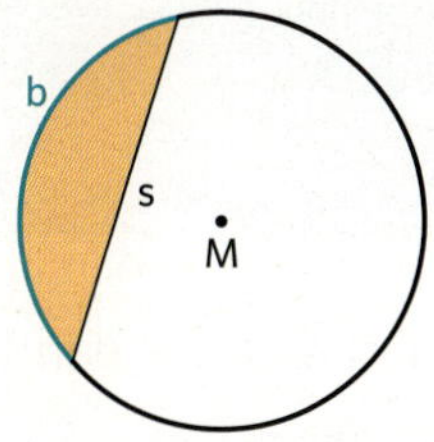

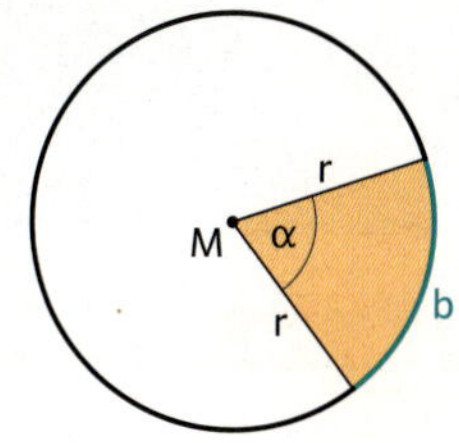

Die Fläche zwischen den Kreislinien zweier konzentrischer Kreise ist ein ______________________ ($r_1 \neq r_2$).

Die Fläche zwischen einer Kreissehne s und einem Kreisbogen b ist ein ________________.

Die Fläche zwischen zwei Radien und einem Kreisbogen b ist ein ______________________ mit dem ________________ α.

Kreissegment **Kreisring** **Zentriwinkel** **Kreissektor**

0 **217** Gegeben ist eine Kreislinie k_1.
Konstruiere um den Mittelpunkt M eine Kreislinie k_2 eines konzentrischen Kreises zu k_1 mit dem Radius $r = 21\,mm$ und bemale den so entstandenen Kreisring mit einer Farbe deiner Wahl!

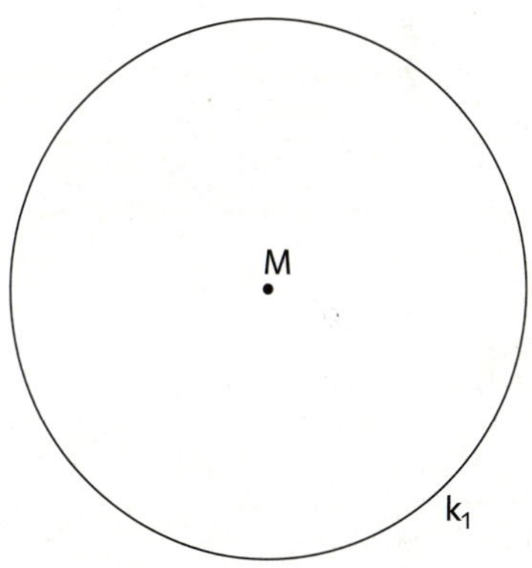

0 **218** **a)** Konstruiere in den abgebildeten Kreis zwei Kreissegmente! Das erste wird von einer Kreissehne $s_1 = 3\,cm$ und dem zugehörigen Kreisbogen begrenzt, das zweite von einer Kreissehne $s_2 = 5\,cm$ und dem zugehörigen Kreisbogen.

b) Konstruiere in den abgebildeten Kreis zwei Kreissektoren! Der erste hat einen Zentriwinkel α_1 mit dem Maß 38°, der zweite hat einen Zentriwinkel α_2 mit dem Maß 95°.

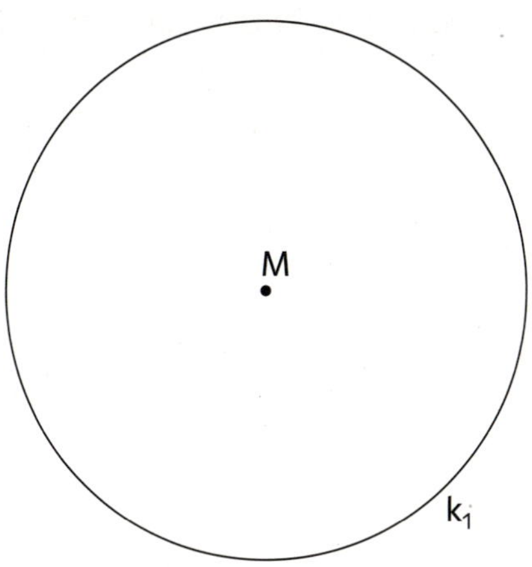

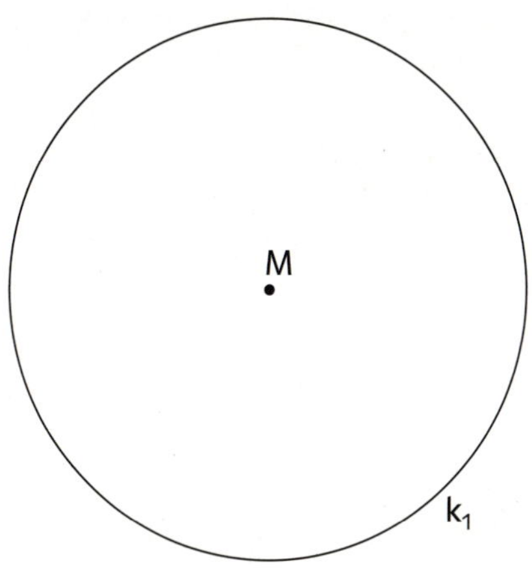

9 Rechteck und Quadrat

I **219** Betrachte die Abbildung und ergänze den Text durch Zuordnen der Begriffe!

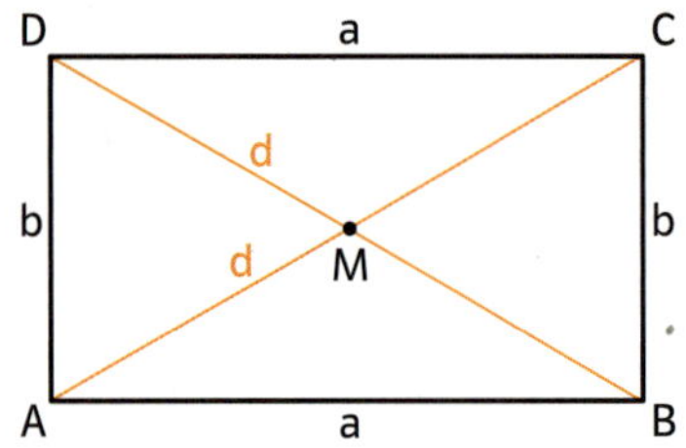

Ein Rechteck ist eine ebene Figur mit

__________ mit den Längen a und b sowie

mit __________ mit den

Bezeichnungen A, B, C und D. Gegenüberliegende Seiten

sind __________ und gleich __________. Benachbarte Seiten stehen

__________. Alle vier Winkel sind __________.

Die beiden __________ sind gleich lang und halbieren einander.

parallel | *normal zueinander* | *lang* | *vier Seiten* | *Diagonalen* | *vier Eckpunkten* | *rechte Winkel*

O **220** Konstruiere ein Rechteck mit den angegebenen Längen!

a) $a = 4\,cm$, $b = 3\,cm$ **b)** $a = 45\,mm$, $d = 73\,mm$

A **221** Kann man ein Rechteck eindeutig konstruieren, von dem nur die Länge der Diagonalen gegeben ist?

☐ Ja. ☐ Nein.

Begründe die Antwort!

Begründung:

____

____

____

I **222** Betrachte die Abbildung und ergänze den Text durch Zuordnen der Begriffe!

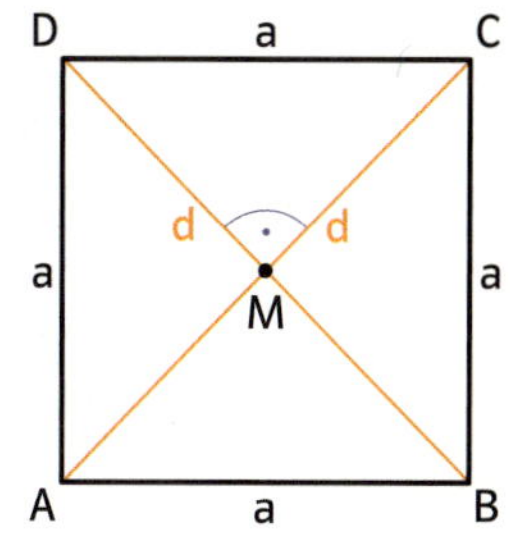

Ein Quadrat ist eine ebene Figur mit ____________________

mit der Länge a sowie mit ____________________

mit den Bezeichnungen A, B, C und D.

Gegenüberliegende Seiten sind ____________________.

Alle ____________________ sind gleich ____________.

Benachbarte Seiten stehen ____________________.

Alle vier Winkel sind ____________________. Die beiden ____________________ sind gleich

lang, sie halbieren einander und stehen ____________________.

parallel | *Diagonalen* | *normal zueinander* | *normal zueinander* | *lang* | *rechte Winkel* | *vier Seiten* | *vier Seiten* | *vier Eckpunkten*

O **223** Konstruiere ein Quadrat mit der angegebenen Länge!
a) a = 52 mm **b)** d = 6 cm

D **224** Wie viele Rechtecke mit unterschiedlich langen Seiten und wie viele Quadrate entdeckst du in den beiden Figuren? Beachte, dass ein Rechteck bzw. ein Quadrat auch ein Teil eines größeren sein kann oder dass ein großes aus zwei kleineren Rechtecken bzw. Quadraten bestehen kann!

1)

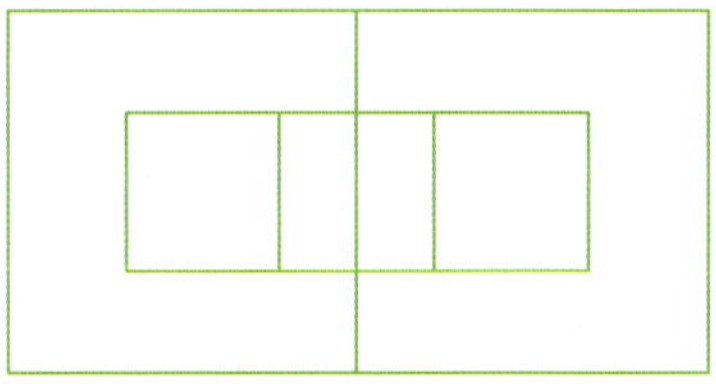

Zahl der Rechtecke: ____________

Zahl der Quadrate: ____________

2)

Zahl der Rechtecke: ____________

Zahl der Quadrate: ____________

I **225** Welche dieser Aussagen gelten sowohl für jedes Rechteck als auch für jedes Quadrat? Kreuze an!

- ☐ $AC \perp BD$
- ☐ $\overline{AB} = \overline{CD}$
- ☐ $a = b$
- ☐ $b = d$
- ☐ $AB \parallel CD$
- ☐ $\overline{AD} = \overline{BC}$
- ☐ $AB \perp AD$
- ☐ $AD \parallel BC$
- ☐ $\overline{AM} = \overline{MC}$
- ☐ $\overline{AC} = \overline{BD}$

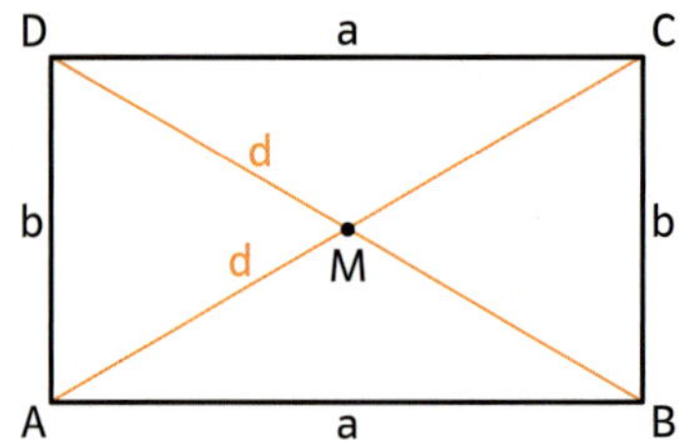

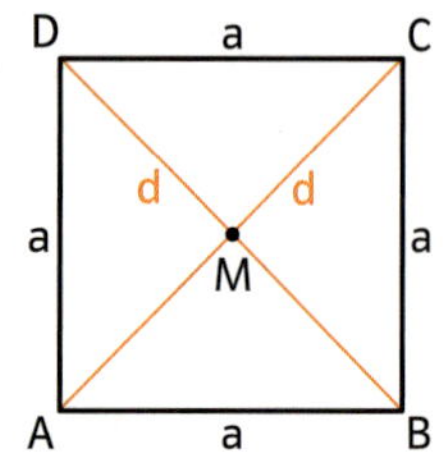

D **226** Gib zwei Formeln für den Umfang u der gegebenen Figur an!

a) Rechteck mit den Seitenlängen w und z: u = ______
u = ______

b) Rechteck mit den Seitenlängen v und p: u = ______
u = ______

c) Quadrat mit der Seitenlänge k: u = ______ u = ______

d) Quadrat mit der Seitenlänge y: u = ______ u = ______

D **227** Ergänze die Rechnung und gib den Umfang u der gegebenen Figur an!

a) Rechteck mit den Seitenlängen 7 cm und 4 cm:

u = 7 cm + ______ + 4 cm + ______ = ______

b) Rechteck mit den Seitenlängen 15,2 cm und 9,6 cm:

u = 2 · ______ + ______ · 9,6 cm = ______

c) Rechteck mit den Seitenlängen 26 m und 5 m:

u = 2 · (26 m + ______) = ______

d) Quadrat mit der Seitenlänge 89 mm:

u = 89 mm + 89 mm + ______ + ______ = ______

e) Quadrat mit der Seitenlänge 3,1 dm:

u = ______ · 3,1 dm = ______

D O **228** Von einem Rechteck sind der Umfang u sowie eine Seitenlänge gegeben. Berechne die fehlende Seitenlänge!

a) u = 94 cm	a = 29 cm	b = ______
b) u = 180 dm	a = ______	b = 42 dm
c) u = 8,8 m	a = 35 dm	b = ______
d) u = 1 dm	a = ______	b = 5 mm

D O **229** Von einem Quadrat ist der Umfang u gegeben. Berechne die Seitenlänge des Quadrats!

a) u = 64 cm a = ______

b) u = 288 m a = ______

c) u = 3,4 m a = ______ cm

d) u = 2 km a = ______ m

O I **230** Entnimm der abgebildeten Figur die Seitenlängen, berechne damit den Umfang und miss die Länge der Diagonale!

a) 

b) 

a) Umfang: ______ mm

Länge der Diagonalen: ______ mm

b) Umfang: ______ mm

Länge der Diagonalen: ______ mm

O I **231** Konstruiere ein Rechteck, das 8 cm lang und 3 cm breit ist! Wie viele Quadrate mit der Seitenlänge 1 cm passen in dieses Rechteck genau hinein?

Konstruktion:

Zahl der Quadrate: ______

O I **232** Schreibe das Flächenmaß in der angegebenen Maßeinheit an!

a) $34\,cm^2 =$ ______ mm^2

b) $9{,}2\,m^2 =$ ______ dm^2

c) $5\,km^2 =$ ______ ha

d) $7{,}38\,m^2 =$ ______ cm^2

e) $9{,}04\,a =$ ______ m^2

f) $784{,}1\,m^2 =$ ______ a

g) $940\,mm^2 =$ ______ cm^2

h) $13\,dm^2 =$ ______ m^2

i) $9\,a =$ ______ km^2

j) $12\,574{,}6\,m^2 =$ ______ ha

D **233** Gib eine Formel für den Flächeninhalt A der gegebenen Figur an!

a) Rechteck mit den Seitenlängen w und z: A = ______

b) Rechteck mit den Seitenlängen v und p: A = ______

c) Quadrat mit der Seitenlänge k: A = ______

d) Quadrat mit der Seitenlänge y: A = ______

O **234** Berechne den Flächeninhalt A der gegebenen Figur!

a) Rechteck: a = 3,5 dm b = 9 dm A = ______

b) Rechteck: a = 42 mm b = 12 cm A = ______ cm^2

c) Quadrat: a = 8,1 m A = ______

d) Quadrat: a = 13 cm A = ______ dm^2

D O **235** Von einem Rechteck sind der Flächeninhalt A sowie eine Seitenlänge gegeben. Berechne die fehlende Seitenlänge!

a) $A = 45\,cm^2$ a = 6 cm b = ______

b) $A = 224\,m^2$ a = ______ m b = 70 dm

c) $A = 15{,}75\,dm^2$ a = 3,5 dm b = ______

D O **236** Von einem Quadrat ist der Flächeninhalt A gegeben. Ermittle die Seitenlänge des Quadrats!

a) $A = 25\,mm^2$ a = ______

b) A = 4 ha a = ______ m

c) $A = 1\,km^2$ a = ______ m

O I **237** Berechne den Umfang u und den Flächeninhalt A der folgenden Figur!

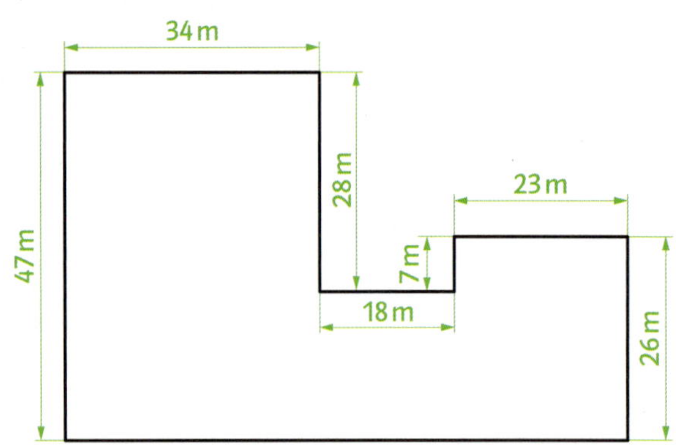

u = 47 m + 34 m + ______ = ______ m

A = 47 m · 34 m + ______ =

= ______ =

= ______ =

= ______ m^2

D O **238**

1) Berechne das jeweils fehlende Maß der Rechtecke, wenn mit a die Länge, mit b die Breite, mit u der Umfang und mit A der Flächeninhalt der jeweiligen Rechtecke bezeichnet ist! Beginne bei „Start"!

2) Bemale dann im Bild all jene Felder, deren Nummerierungen Ergebnisse der Rechnungen sind! Manche Zahlen kommen im Bild öfter vor! Was kannst du auf dem Bild erkennen?

$a = 5\,cm$, $b = 6\,cm$, $A =$ ☐ ← *Start*

→ $A =$ ☐, $a = 10\,cm$, $b =$ ☐

→ $b =$ ☐, $a = 14\,cm$, $u =$ ☐

→ $u =$ ☐, $b = 9\,cm$, $a =$ ☐

→ $a =$ ☐, $b = 8\,cm$, $u =$ ☐

↓ $u =$ ☐, $a = 6\,cm$, $b =$ ☐

← $b =$ ☐, $a = 10\,cm$, $A =$ ☐

↓ $A =$ ☐, $b = 25\,cm$, $a =$ ☐

→ $a =$ ☐, $b = 14\,cm$, $u =$ ☐

↓ $u =$ ☐, $a = 9\,cm$, $b =$ ☐

← $b =$ ☐, $a = 16\,cm$, $A =$ ☐

← $A =$ ☐, $b = 12\,cm$, $a =$ ☐

← $a =$ ☐, $A = 120\,cm^2$, $u =$ ☐

← $u =$ ☐, $a = 21\,cm$, $A =$ ☐ ← *Ziel*

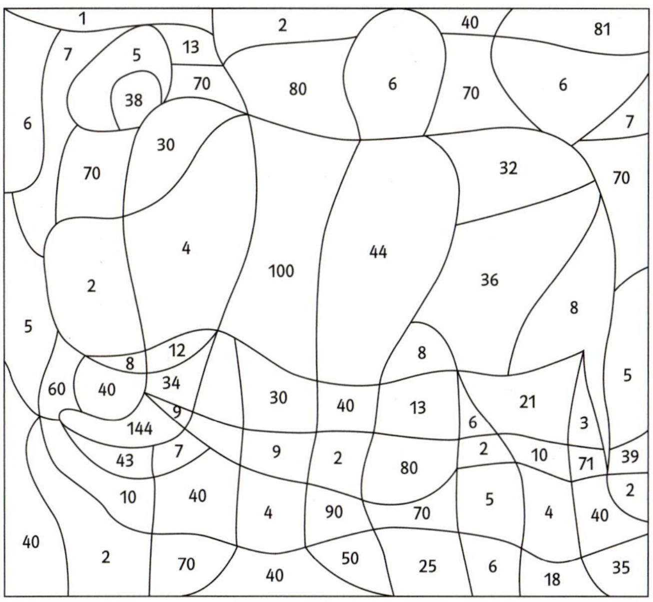

10 Der Maßstab

D O **239** Es liegt ein Plan im Maßstab 1:100 vor. Berechne die fehlenden Maßzahlen!

Plan	Wirklichkeit
3 cm	________ cm = ________ m
18 mm	________ mm = ________ m
________ m = ________ cm = ________ mm	4,5 m
________ dm = ________ cm = ________ mm	92 dm
0,3 dm = ________ cm	________ cm = ________ m

I **240** Für einen Plan liegt die Maßstabszahl 500 vor. Ergänze den Text durch Zuordnen der Begriffe!

Längen im Plan müssen ____________________ werden, wenn man die Längen in der Wirklichkeit wissen will. Längen in der Wirklichkeit müssen ____________________ werden, wenn man die Längen im Plan wissen will.

Allgemein gilt: Je größer die Maßstabszahl, desto ____________ ist der Plan.

Je kleiner die Maßstabszahl, desto ____________ ist der Plan.

größer | *kleiner* | *durch 500 dividiert* | *mit 500 multipliziert*

O **241** Ein Grundstück ist 28 m lang und 16 m breit. Berechne die Länge und die Breite des Grundstücks in einem Plan mit dem angegebenen Maßstab! Wähle dazu eine geeignete Maßeinheit!

a) Maßstab 1:100 Länge: ____________ Breite: ____________

b) Maßstab 1:200 Länge: ____________ Breite: ____________

c) Maßstab 1:400 Länge: ____________ Breite: ____________

d) Maßstab 1:500 Länge: ____________ Breite: ____________

e) Maßstab 1:1000 Länge: ____________ Breite: ____________

O **242** Auf einem Stadtplan von Bad Ischl mit dem Maßstab 1:15000 ist die Schulgasse 21 mm lang. Wie lang ist die Schulgasse in der Wirklichkeit? Schreibe die gesamte Rechnung an!

Rechnung:

Antwort: ____

O A **243** Frau Stenitzer stellt fest, dass eine Straßenverbindung zwischen zwei Orten in einem Autoatlas mit dem Maßstab 1:250000 genau 13 cm lang ist. Kann sie diese Fahrt mit einer durchschnittlichen Geschwindigkeit von 50 km/h in weniger als einer Stunde zurücklegen? Begründe die Antwort!

Rechnung: ______________________________

____

☐ Ja. ☐ Nein.

Begründung: ______________________________

____

O **244** Ein Architekturbüro möchte ein 18 m langes Haus als Modell im Maßstab 1:24 bauen. Berechne die Länge des Hauses im Modell! Schreibe die gesamte Rechnung an!

____

O I **245** Von einem Sessel liegt die folgende Zeichnung in der Seitenansicht vor. In der Wirklichkeit ist der Sessel 90 cm hoch, die Sitzfläche ist 36 cm tief. In welchem Maßstab wurde die Zeichnung angefertigt? Schreibe die notwendige(n) Rechnung(en) an!

____

____

____

Maßstab 1: __________

O **246** Welchen Maßstab hat eine Landkarte, auf der eine 80 km lange Strecke 25 mm lang ist? Schreibe die gesamte Rechnung an!

80 km = __________ m = __________ mm

____

____

Maßstab 1: __________

D O **247** Konstruiere ein Rechteck, das in der Wirklichkeit 13,75 m lang und 11,25 m breit ist, im Maßstab 1:250!

Wirklichkeit	Plan im Maßstab 1:250
13,75 m	__________ mm
11,25 m	__________ mm

Konstruktion:

D O **248** Gegeben ist der Plan eines Grundstücks mit den Originalmaßen:

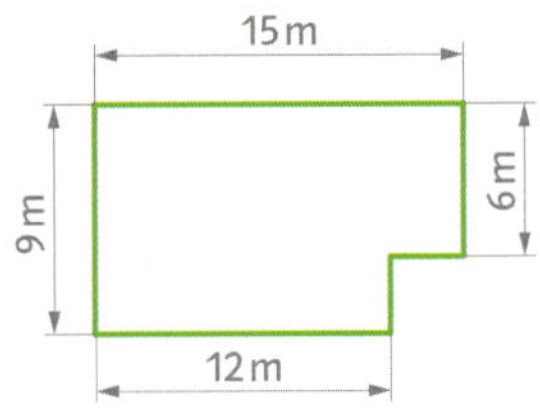

1) Konstruiere das Grundstück im Maßstab 1:300!

15 m ≙ ________ cm   9 m ≙ ________ cm

12 m ≙ ________ cm   6 m ≙ ________ cm

Konstruktion:

2) Berechne den Flächeninhalt des Originalgrundstücks!

______ m · ______ m + ______ m · ______ m = ______ m^2 + ______ m^2 = ______ m^2

3) Berechne den Flächeninhalt des Grundstücks in der Konstruktion!

______ cm · ______ cm + ______ cm · ______ cm = ______ cm^2 + ______ cm^2 = ______ cm^2

D O **249** Ermittle aufgrund der angegebenen Maßstabsleiste näherungsweise die Länge der Montfortstraße in Bregenz!

____

____

____

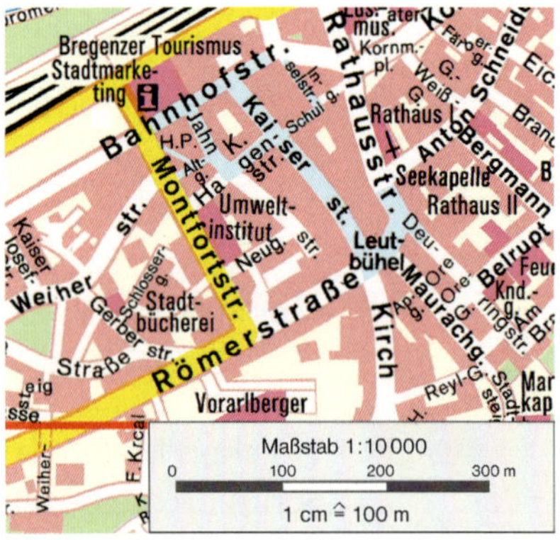

O **250** Eine 4 mm lange Ameise wird so abgebildet, dass sie 6 cm groß erscheint. Welcher Vergrößerungsmaßstab wurde hier verwendet? Schreibe die gesamte Rechnung an!

____

Maßstab __________ :1

O **251** Ein Zuckerl soll auf einem Werbeplakat 5,6 m lang erscheinen. Der Vergrößerungsmaßstab wird mit 140:1 angegeben. Wie lang ist das Zuckerl in der Wirklichkeit? Schreibe die gesamte Rechnung an!

____

O I **252** Wie groß erscheint der Durchmesser eines Haares (ca. 0,1 mm) auf einem Bild mit dem Vergrößerungsmaßstab 2000:1? Kreuze an!

☐ 2 mm ☐ 2 cm ☐ 2 dm ☐ 2 m ☐ 20 m

D O **253** Vervollständige die Tabelle!

	Entfernung im Atlas	Maßstab	Entfernung in der Wirklichkeit (Luftlinie)	Rechnung
Oslo – Stockholm	ca. 16 cm	1:2 500 000	ca. ______ km	
Dakar – Kairo	ca. 35 cm	1: ______	ca. 5250 km	
Washington DC – Mexico City	ca. ______ cm	1:30 000 000	ca. 3000 km	

D O I **254** Berechne anhand der Karte im Maßstab 1:4 000 000 die tatsächliche Entfernung (Luftlinie) zwischen einigen Landeshauptstädten!

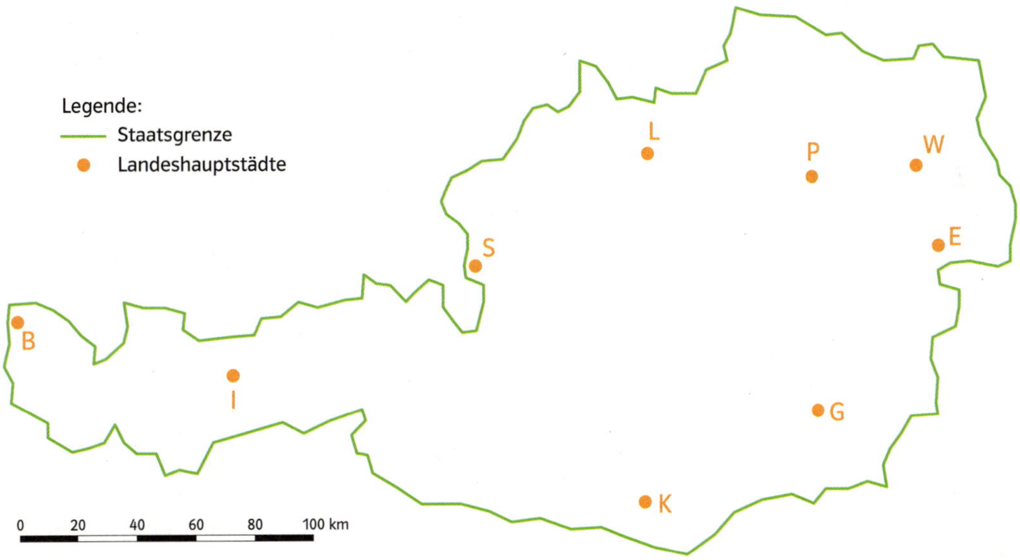

	Entfernung in der Karte	Entfernung in der Wirklichkeit (Luftlinie)	Rechnung
Salzburg – Klagenfurt	ca. ______	ca. ______	
Bregenz – Graz	ca. ______	ca. ______	
Innsbruck – Linz	ca. ______	ca. ______	
Eisenstadt – Wien	ca. ______	ca. ______	
St. Pölten – Salzburg	ca. ______	ca. ______	
Graz – Eisenstadt	ca. ______	ca. ______	
Wien – Innsbruck	ca. ______	ca. ______	
Linz – St. Pölten	ca. ______	ca. ______	

Berechne noch weitere Entfernungen zwischen den Landeshauptstädten!

11 Quader und Würfel

I **255** Ziehe Linien rot nach, male Flächen blau an und ringle Körper grün ein!

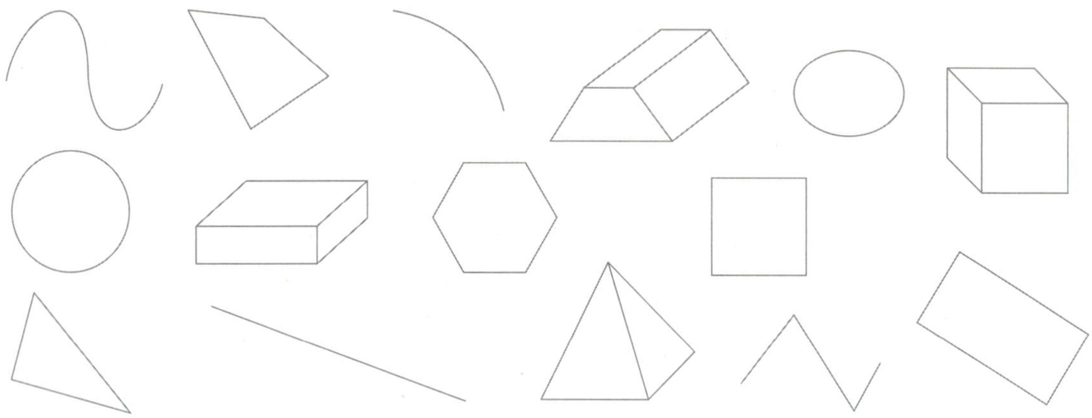

I **256** Manche Figuren treten im täglichen Leben so häufig auf, dass man ihnen eigene Namen gegeben hat. Ordne zu, indem du sie in der richtigen Farbe anmalst! Kennst du schon die richtigen Bezeichnungen?

- Q ______________
- R ______________
- D ______________
- K ______________
- Deltoid (Drachenviereck)
- Trapez

D I **257** Welcher geometrische Körper versteckt sich in den Abbildungen?

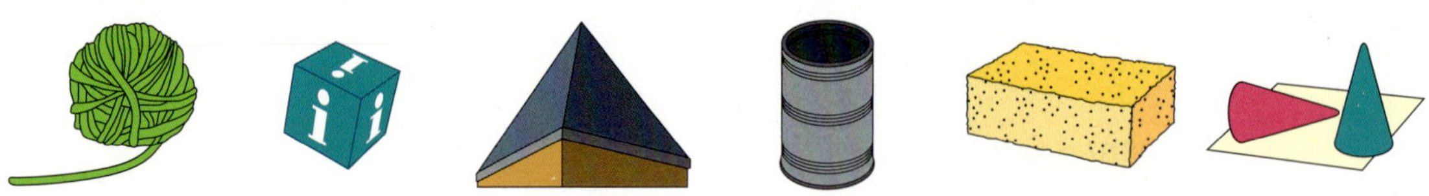

______ ______ ______ ______ ______ ______

D I **258** Verbinde die Namen der Gegenstände mit denen der passenden geometrischen Körper!

Globus	Kegel	Schuhschachtel
Getränkedose	Pyramide	Spielwürfel
Punschkrapfen	Kugel	Schultüte
Kirchturmdach	Quader	Basketball
Koffer	Zylinder	Litfaßsäule
Feenhut	Würfel	altes ägyptisches Bauwerk

D I **259** Ecke, Kante, Fläche – kennst du den Unterschied?

a) Kennzeichne alle Ecken, indem du sie einringelst!

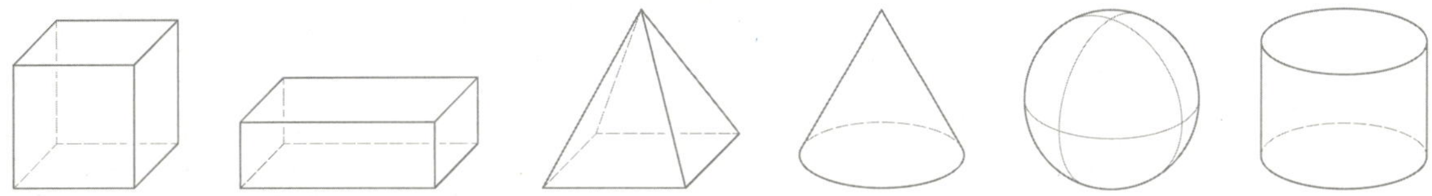

b) Ziehe alle Kanten mit Farbstift nach!

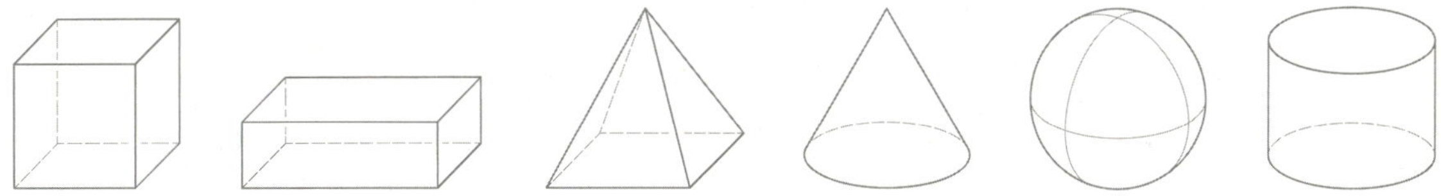

c) Male die Grundfläche an!

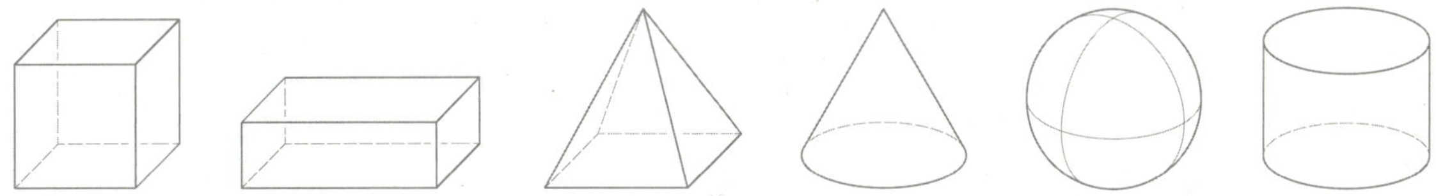

d) Benenne die Körper!

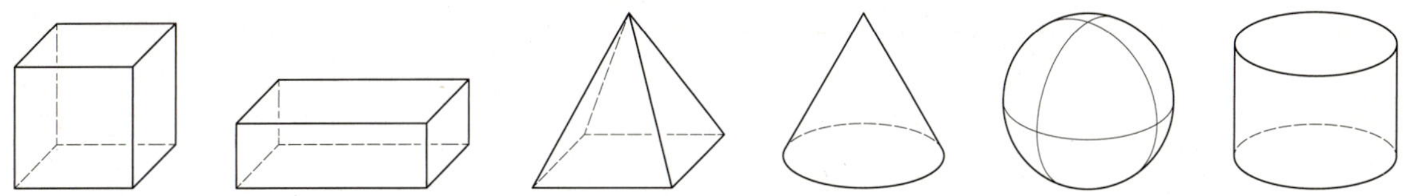

D I **260** Ordne zu, indem du Zusammengehörendes gleichfärbig anmalst!

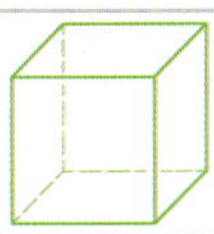	Pyramide mit quadratischer Grundfläche	8 Kanten	5 Ecken	3 Flächen 1 gekrümmt 2 Kreise
	Quader	2 Kanten	8 Ecken	6 Flächen Quadrate
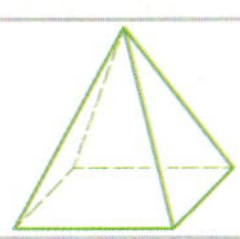	Kugel	12 Kanten	keine Ecken (1 Spitze)	2 Flächen 1 gekrümmt 1 Kreis
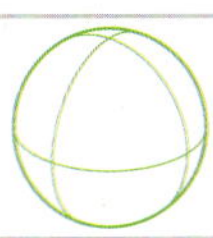	Würfel	1 Kante	8 Ecken	1 gekrümmte Fläche
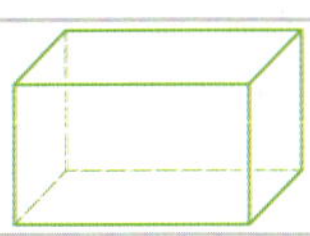	Zylinder	12 Kanten	keine Ecken	5 Flächen 1 Quadrat 4 Dreiecke
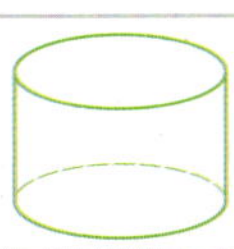	Kegel	keine Kante	keine Ecken	6 Flächen Rechtecke

D I **261** Hilf Mathias die Bausteine (Würfel, Quader, Pyramide, Kegel, Zylinder, Kugel) zu sortieren! Schreibe jeweils alle Namen der Körper mit der passenden Eigenschaft in die Kiste!

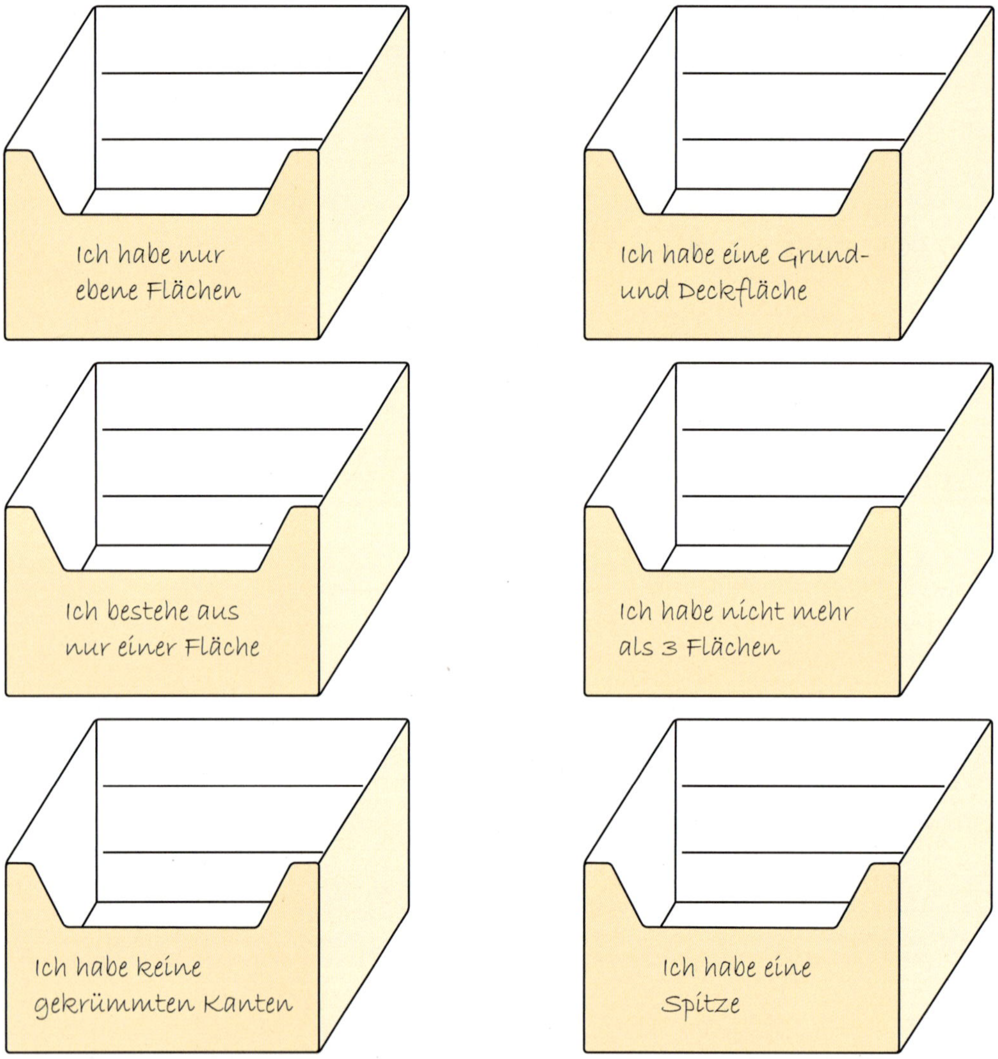

D I **262** Aus welchen und wie vielen Körpern besteht das Bauwerk? Zähle diese jeweils und trage in der Tabelle die richtige Anzahl ein!

	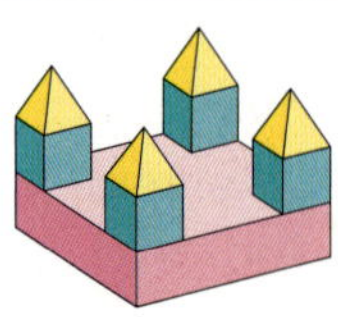		
Quader			
Würfel			
Pyramide			
Kegel			
Zylinder			
Kugel			

I **263** Verwende zur Bearbeitung der Aufgabe das Kantenmodell des Würfels!

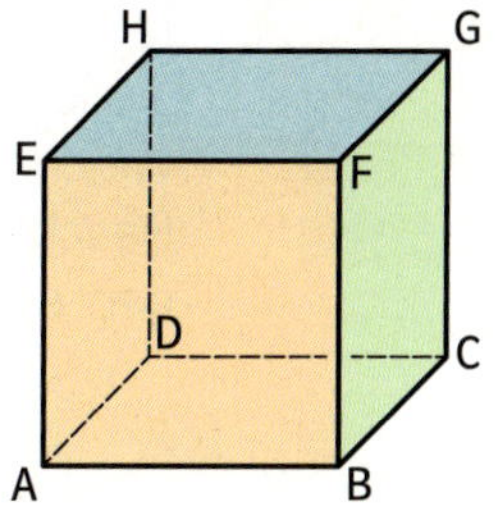

1) Ein Würfel hat ______ Ecken, ______ Kanten, ______ Flächen.

2) Die Fläche EFGH ist die __________ fläche des Würfels.

3) Dieser Fläche gegenüber liegt die Fläche ______, man nennt diese Fläche die ________________ des Würfels.

4) Je ______ Kanten sind gleich ____________ und ________________.

5) Alle Flächen eines Würfels haben die Form eines ________________.

6) Die Kanten AB und DC sind ________________, AD und AE sind ________________, EH und CG sind ________________ (setze ein: parallel, normal, windschief).

I **264** Verwende zur Bearbeitung der Aufgabe das Kantenmodell des Quaders!

1) Male die Grundfläche ABCD rot und die Deckfläche EFGH blau an!

2) Zieh alle parallelen und gleich langen Kanten mit derselben Farbe nach!

3) In welcher Ecke treffen einander die Kanten AB, BF, BC? ______

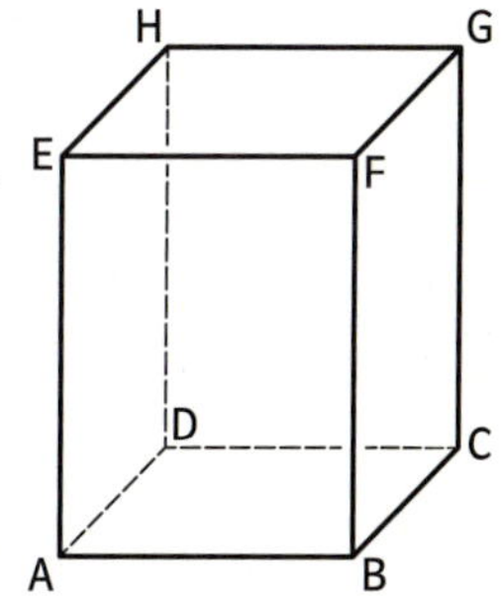

4) Welche Flächen treffen in der Kante DC aufeinander? ______, ______

5) Welche Fläche ist parallel zur Fläche ADHE? __________

6) Ist die Aussage wahr (w) oder falsch (f)?

AB ⊥ AE ______ FG ∥ CD ______ EH ⊥ BF ______ AB ∥ GH ______

7) Welche Fläche ist die vordere Seitenfläche? ______ Welche ist die rechte? ______

8) Wie viele Flächen bilden den Mantel des Quaders? ______

D I **265** Wie viele Würfel brauchst du, um diese Figur nachzubauen? (Es gibt keine Hohlräume.)

a)

______ Würfel

c)

______ Würfel

e)

______ Würfel

b)

______ Würfel

d)

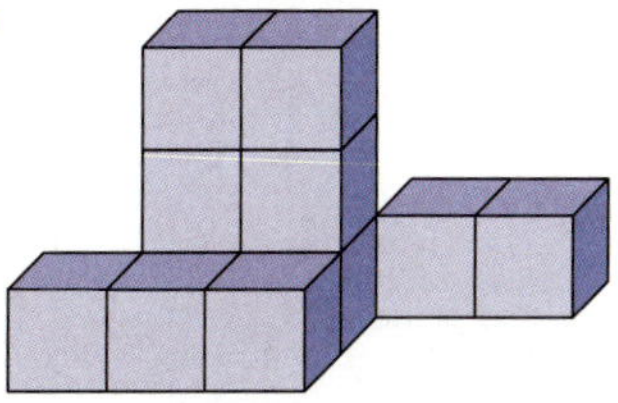

______ Würfel

f)

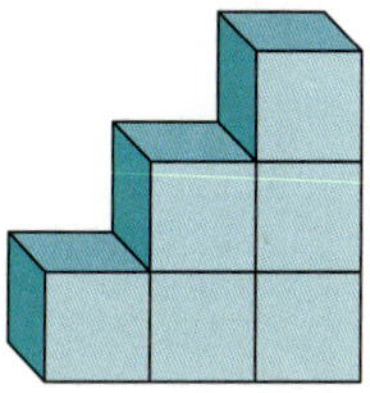

______ Würfel

D I **266** Je zwei der unten abgebildeten Körper kannst du zu einem Würfel – wie in der Abbildung rechts – zusammensetzen.
Welche gehören zusammen?
Beachte, dass du dir die zusammengehörenden Körper auch gedreht vorstellen musst!

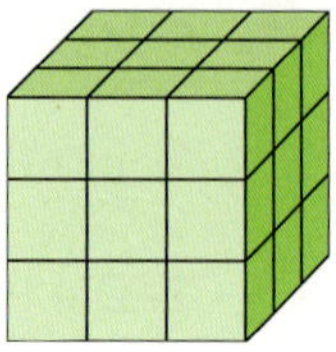

A
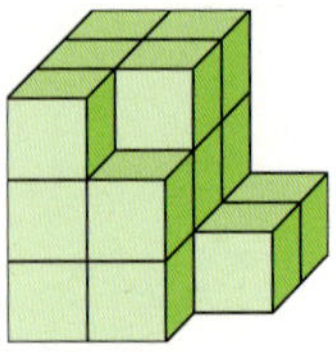

C
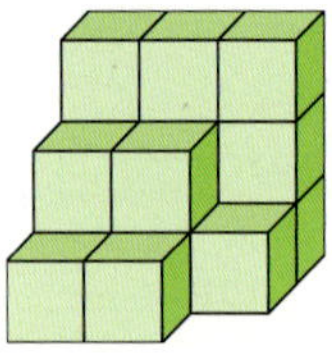

E

B

D

F
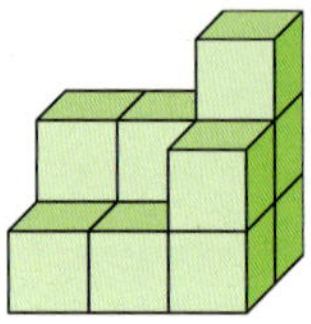

I **267** Aus welchem dieser Netze kannst du einen Würfel bauen?

A
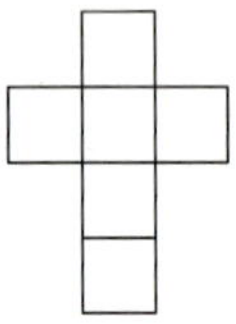

B
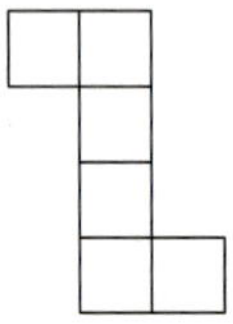

C
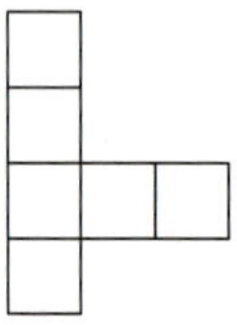

D
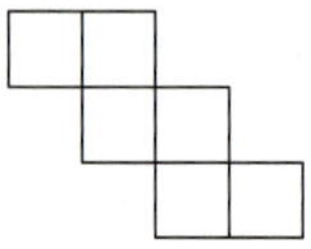

E
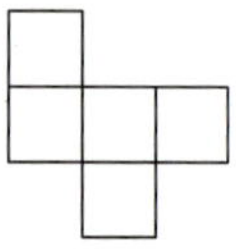

D I **268** Zeichne die Symbole des Würfelnetzes auf die Würfelflächen. Finde mehrere Möglichkeiten!

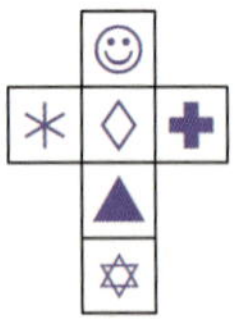

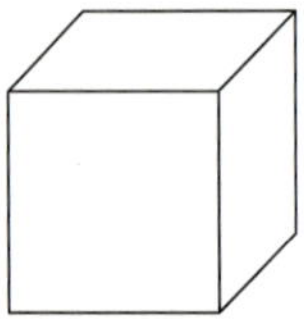

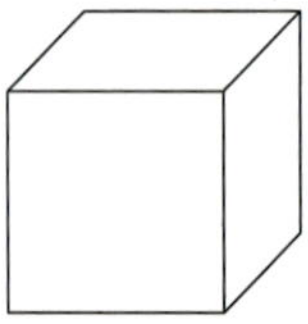

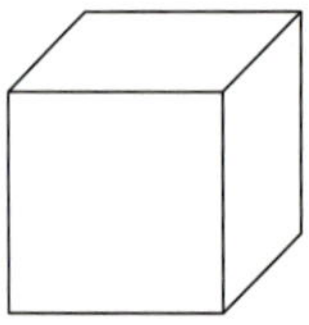

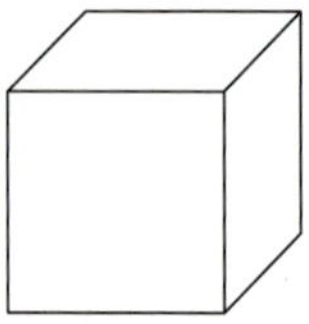

D I **269** Welche Flächen liegen nach dem Zusammenfalten des Netzes einander gegenüber? Male sie mit gleicher Farbe an!

a)
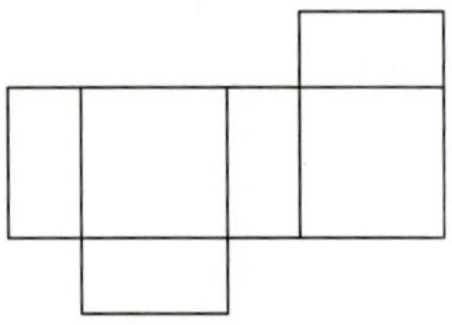

b)
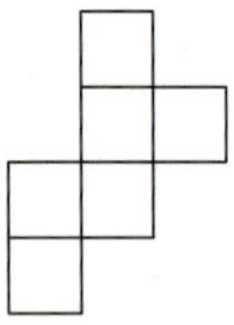

c)
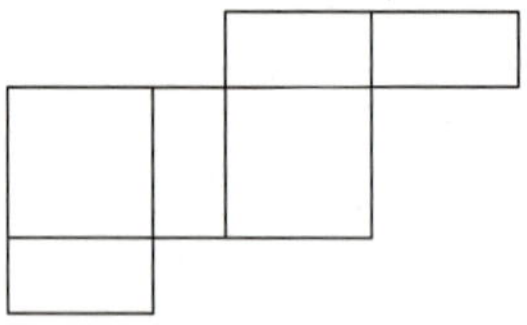

d)
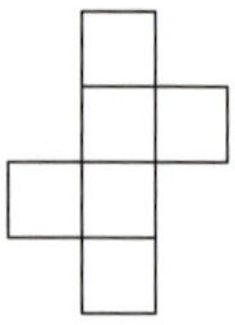

O **270** Vervollständige den Schrägriss. Zeichne sichtbare Linien voll und nicht sichtbare strichliert!

a)
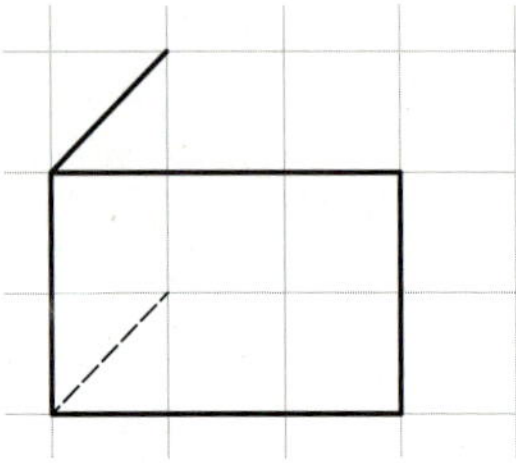

b)
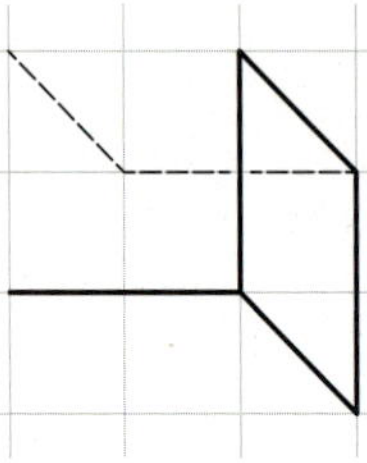

c)
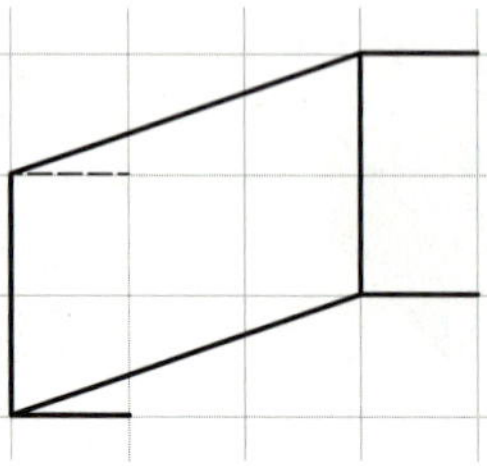

d)
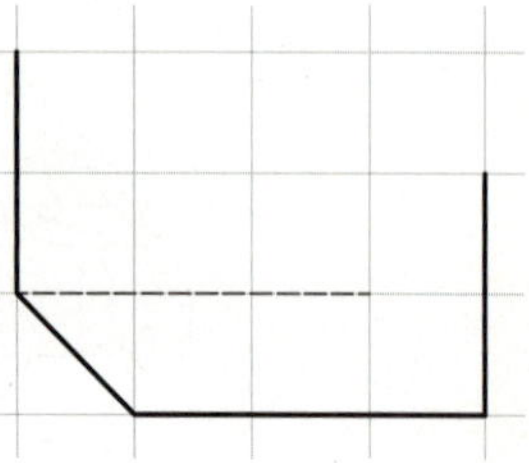

I **271** Gegeben ist das Netz eines Quaders. Nur je ein Quader passt zu dem Netz. Ordne zu!

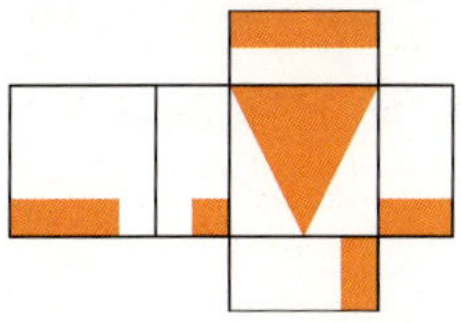

a)

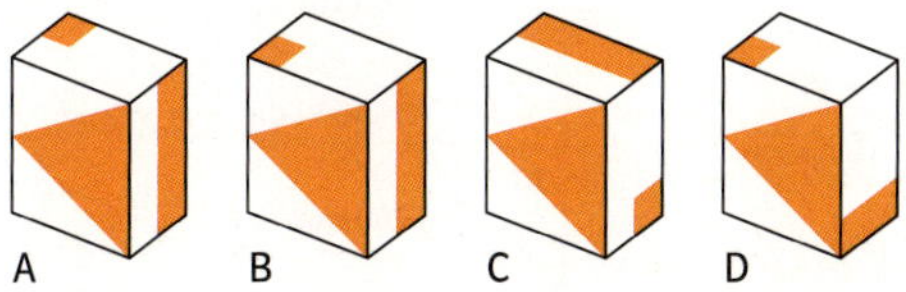

A B C D

c)

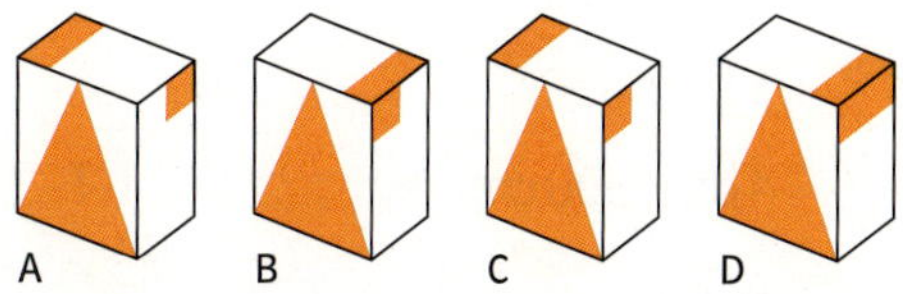

A B C D

b)

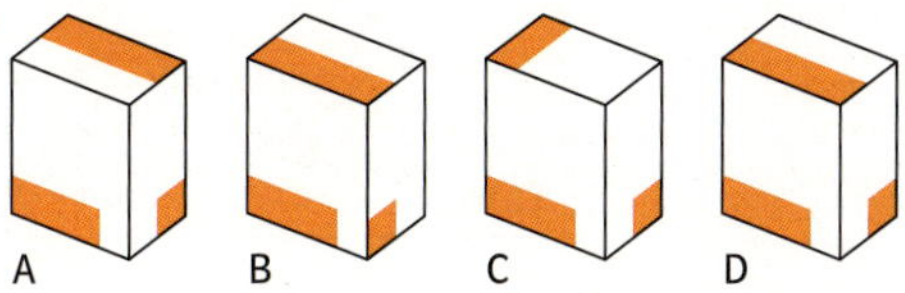

A B C D

d)

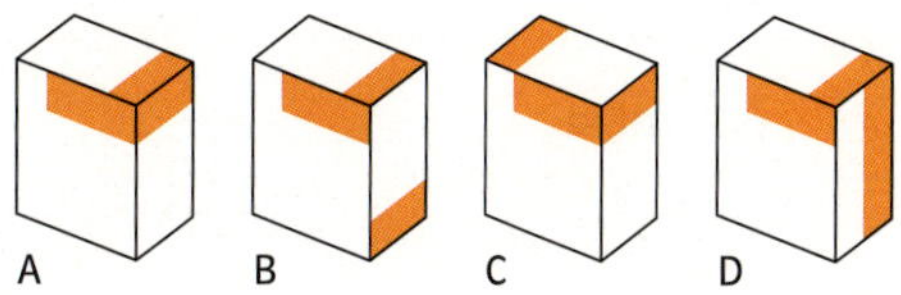

A B C D

I **272** Welcher Würfel gehört zu dem Netz? Ringle den richtigen Würfel ein!

a)

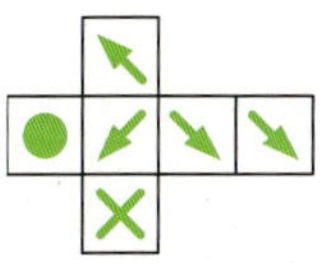

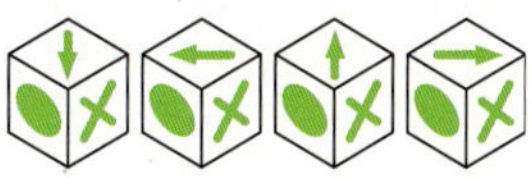

A B C D

b)

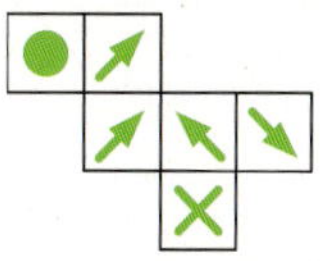

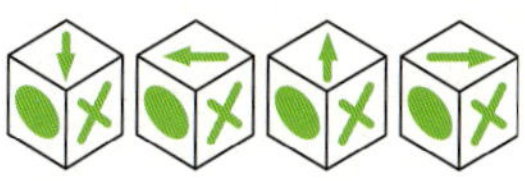

A B C D

I A **273** Sind die Aussagen richtig oder falsch? Kreuze an!

	richtig	**falsch**
Ein Kubikmeter ist der Rauminhalt eines Würfels mit einem Meter Kantenlänge.	☐	☐
Ein Liter entspricht einem Kubikdezimeter.	☐	☐
Ein Würfel mit einer Kantenlänge von einem Zentimeter enthält hundert Kubikmillimeter.	☐	☐
Ein Kubikmillimeter ist ein Tausendstel eines Kubikmeters.	☐	☐
Tausend Milliliter entsprechen einem Liter.	☐	☐

0 **274** Wandle um! (Überflüssige Nuller müsen nicht angeschrieben werden.)

a) $4\,m^3\ 200\,dm^3 =$ ________ m^3

$5{,}7\,m^3 =$ ________ dm^3

$700\,mm^3 =$ ________ cm^3

$2\,cm^3\ 50\,mm^3 =$ ________ cm^3

$0{,}6\,cm^3 =$ ________ mm^3

b) 3 l 5 dl = ________ l

7000 l = ________ hl

250 ml = ________ l

4 l 5 cl = ________ ml

6,5 hl = ________ l

0 **275** Schreibe mehrnamig!

a) $7250\,mm^3 =$ ____________

$8{,}61\,cm^3 =$ ____________

$0{,}0012\,m^3 =$ ____________

$1350{,}9\,dm^3 =$ ____________

$6{,}003\,m^3 =$ ____________

$0{,}1\,dm^3 =$ ____________

b) 2,5 l = ____________

125 ml = ____________

3610 l = ____________

5,3 hl = ____________

0,62 dl = ____________

234,5 cl = ____________

O **276**

Verwandle in die angegeben Einheit!
Suche das Ergebnis im Kontrollfeld und male es an!

$3\,m^3\ 45\,dm^3 =$ ______ m^3

$6\,cm^3\ 200\,mm^3 =$ ______ mm^3

1 l 2 dl = ______ l

5 hl 25 l = ______ hl

$1\,dm^3\ 500\,cm^3 =$ ______ l

4,5 l = ______ cm^3

$1{,}07\,m^3 =$ ______ dm^3

600 ml = ______ l

$10\,cm^3 =$ ______ dm^3

$0{,}7\,m^3 =$ ______ hl

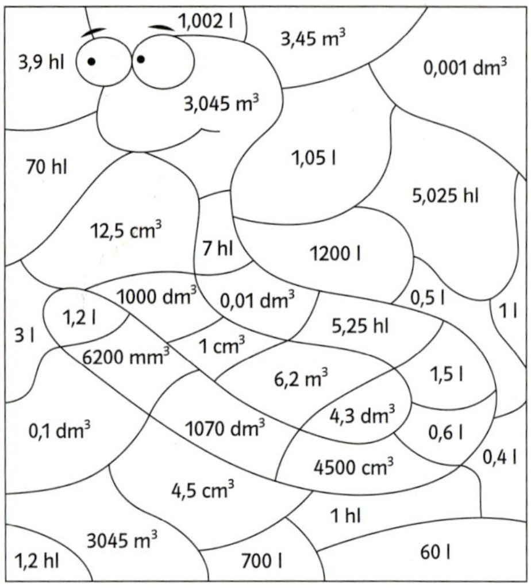

O **277**

Vervollständige die Skala des Messbechers!

a)

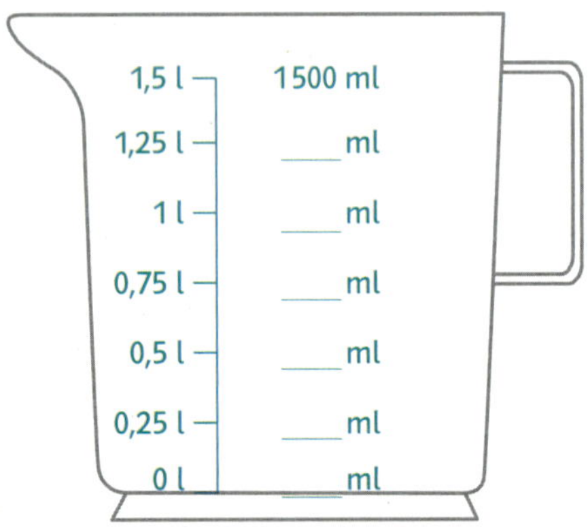

b)

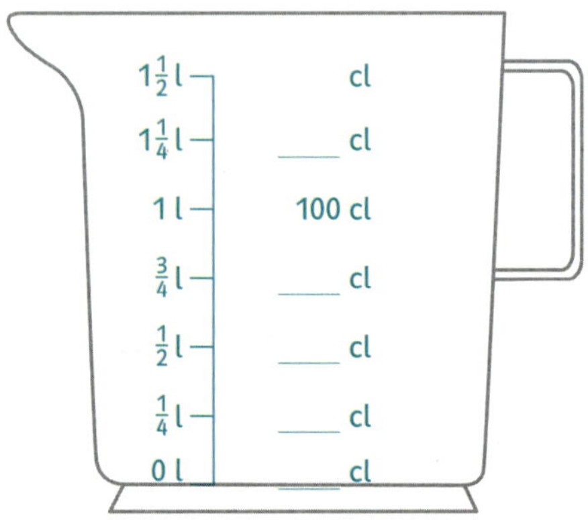

I **278**

Sind die Aussagen richtig oder falsch? Kreuze an!

	richtig	falsch
Das Volumen eines Quaders ist das Produkt aus Länge, Breite und Höhe.	☐	☐
Verdoppelt man die Kantenlänge eines Würfels, so verdoppelt sich sein Volumen.	☐	☐
Verdreifacht man die Höhe eines Quaders, so verdreifacht sich sein Volumen.	☐	☐
Für das Volumen V eines Würfels mit der Kantenlänge a gilt: $V = 6 \cdot a \cdot a$	☐	☐

D O **279**

Wie viel passt in jede Schachtel hinein? Berechne die Volumina und ordne sie in einer Kleiner-Kette! Wie groß ist der Unterschied des Volumens zwischen der größten und der kleinsten Schachtel (Maße in Zentimeter)

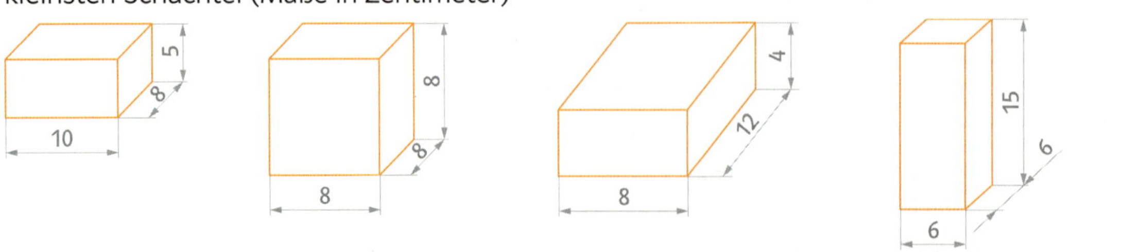

$V_1 =$ ___ · ___ · ___ $V_2 =$ ___ · ___ · ___ $V_3 =$ ___ · ___ · ___ $V_4 =$ ___ · ___ · ___

$V_1 =$ ______ cm^3 $V_2 =$ ______ cm^3 $V_3 =$ ______ cm^3 $V_4 =$ ______ cm^3

___ < ___ < ___ < ___

Unterschied: ______ − ______ = ______ (cm^3)

D O I **280**

Ordne jedem Quader seinen Rauminhalt zu!

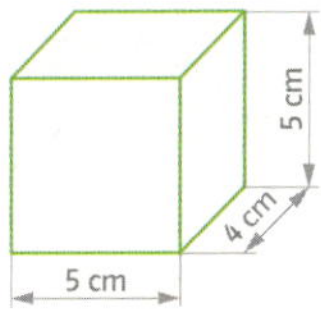

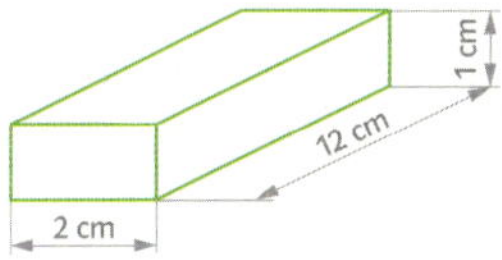

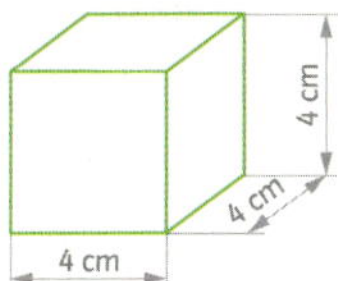

$640\,cm^3$
$24\,cm^3$
$100\,cm^3$
$64\,cm^3$
$128\,cm^3$
$72\,cm^3$
$84\,cm^3$
$240\,cm^3$

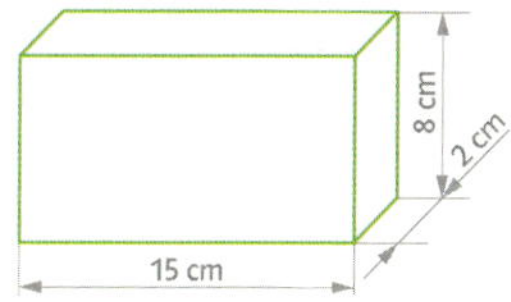

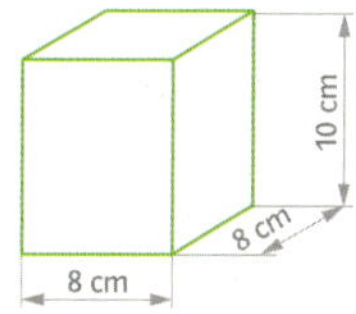

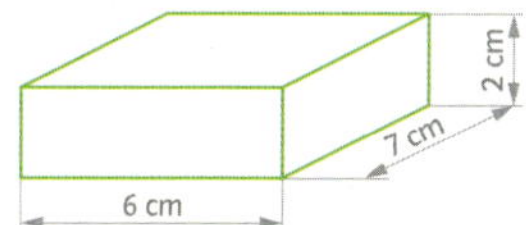

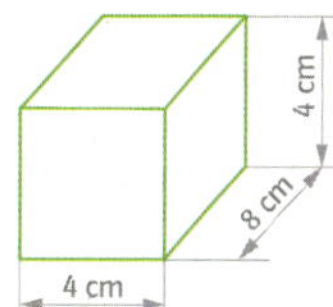

D O I **281**

Sebastian zieht mit seiner Familie in eine neue Wohnung. Die mit dem Umzug beauftragte Firma verwendet einen LKW, dessen Laderaum 3 m lang, 2,5 m breit und 2 m hoch ist. Die für den Umzug verwendeten Kartons sind 50 cm lang, 30 cm breit und 40 cm hoch.

1) Berechne das Laderaumvolumen des LKWs!

V = ______ · ______ · ______ = __________ (m^3)

2) Wieviel Inhalt fasst ein Umzugskarton?

V = ______ · ______ · ______ = __________ (cm^3) = __________ (dm^3) = __________ (l)

3) Wie viele Kartons passen in den LKW höchstens hinein? Überlege mithilfe einer Skizze, wie man die Kartons dafür stapeln muss!

In den LKW passen höchstens __________ Umzugskartons.

D O **282**

Von einem Quader kennt man das Volumen $V = 120\,m^3$ und den Flächeninhalt der Grundfläche $G = 80\,m^2$. Wie hoch ist der Quader?

$V = a \cdot b \cdot h \rightarrow V = G \cdot h \rightarrow h = V : G = 120 : 80 =$ __________ (m)

Der Quader ist __________ m hoch.

D O **283**

Beim Bau eines Schwimmbeckens werden $100\,m^3$ Erde ausgehoben.
1) Wie tief wird das Becken, wenn es 10 m lang und 4 m breit ist?
2) Wie viel Hektoliter Wasser fasst das Schwimmbecken?

$V = a \cdot b \cdot h \rightarrow h = V : (a \cdot b) = 100 : (10 \cdot 4) =$ __________ (m)

Das Schwimmbecken hat eine Tiefe von __________ m und fasst __________ hl Wasser.

D O **284**

Andi befüllt ihr Aquarium (Länge: 65 cm, Breite: 38 cm, Höhe: 45 cm) bis 5 cm unter den Rand mit Wasser. Wie viel Liter Wasser muss sie einfüllen?

V = __________ · __________ · __________

V = __________ cm^3 = __________ dm^3 = __________ l.

D O **285** Aus einem quaderförmigen Mauerstein (Länge = Breite = 0,6 m; Höhe = 0,3 m) wird ein Würfel mit einer Kantenlänge von 30 cm herausgefräst. Wie groß ist das Volumen des verbleibenden Körpers? Wähle vor dem Rechnen eine geeignete Einheit!

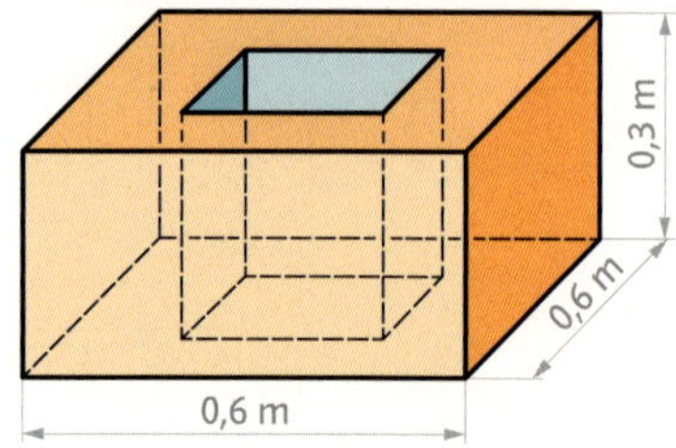

V_Q = ___ · ___ · ___ = ________

V_W = ___ · ___ · ___ = ________

$V = V_Q - V_W$ = ______ – ______ = ________

Der verbleibende Mauerstein hat ein Volumen von ________.

D O **286** **1)** Wie groß ist das Volumen des in der Zeichnung dargestellten Körpers? Berechne es, indem du den Körper in drei Quader teilst! Zeichne deine Teilung ein!

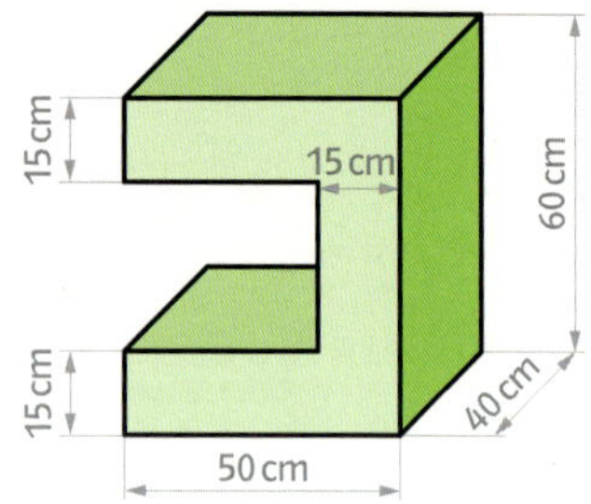

V_1 = ___ · ___ · ___ = ________ (cm^3) = ________ (dm^3)

V_2 = ___ · ___ · ___ = ________ (cm^3) = ________ (dm^3)

V_3 = ________ (dm^3)

$V = V_1 + V_2 + V_3$ = ________ dm^3

2) Wie viel Kilogramm wiegt der Körper, wenn 1 dm^3 des verwendeten Materials eine Masse von 50 dag hat?

Masse = ___ · 50 dag = ____ dag = ___ kg

Der Körper hat ein Volumen von ___ dm^3 und eine Masse von ___ kg.

I A **287** Kreuze richtige Aussagen an! Stelle falsche Aussagen richtig!

		Richtigstellung
☐	Der Oberflächeninhalt eines Quaders ist die Summe seiner sechs Begrenzungsflächeninhalte.	
☐	Den Oberflächeninhalt eines Körpers misst man mit Längenmaßen.	
☐	Für den Oberflächeninhalt O eines Würfels mit der Kantenlänge a gilt: $O = 12 \cdot a$	
☐	Besitzt ein Quader keine Deckfläche, so verringert sich sein Oberflächeninhalt.	
☐	Für den Oberflächeninhalt O eines Quaders gilt: $O = 2 \cdot G + M$	
☐	Mit der Formel $O = a \cdot a + 4 \cdot a \cdot h$ lässt sich der Oberflächeninhalt eines Quaders mit quadratischer Grundfläche berechnen.	

O A **288** Zeige für einen Quader mit a = 3 cm, b = 2 cm, h = 5 cm, dass die drei Formeln für den Oberflächeninhalt O zum selben Ergebnis führen!

(1) $O = 2 \cdot a \cdot b + 2 \cdot a \cdot h + 2 \cdot b \cdot h$ = 2 · ___ · ___ + 2 · ___ · ___ + 2 · ___ · ___ = ______ (cm^2)

(2) $O = 2 \cdot (a \cdot b + a \cdot h + b \cdot h)$ = 2 · (___ · ___ + ___ · ___ + ___ · ___) = ______ (cm^2)

(3) $O = 2 \cdot G + M$ = 2 · ___ · ___ + ______ = ______ (cm^2)

O **289** Wie groß ist der Oberflächeninhalt O eines Würfels mit einer Kantenlänge von 25 mm?

$O = 6 \cdot a \cdot a$ = 6 · ______ · ______ = ______ (mm^2)

I A **290** Der Oberflächeninhalt des durch sein Netz dargestellten Quaders soll berechnet werden. Welche der angegebenen Formeln kommen dafür in Frage? Kreuze an!

- ☐ $O = 2 \cdot x \cdot y + 2 \cdot x \cdot z + 2 \cdot y \cdot z$
- ☐ $O = 2 \cdot x \cdot y + (x + y + x + y) \cdot z$
- ☐ $O = x \cdot y \cdot z$
- ☐ $O = 2 \cdot (x \cdot y + x \cdot z + y \cdot z)$
- ☐ $O = (x + y + z) \cdot 2$

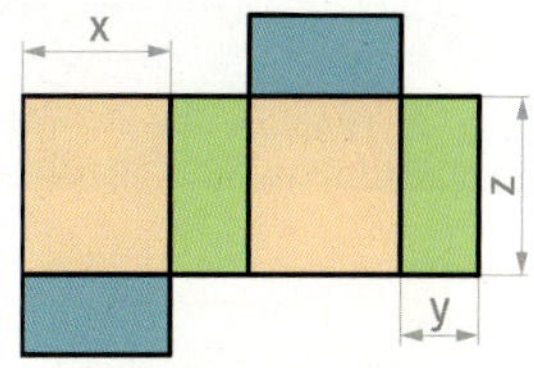

0 I **291** Moritz berechnet den Oberflächeninhalt und das Volumen des Quaders. Hat er richtig gerechnet? Stelle Falsches richtig!

$O = 2 \cdot (a \cdot b + a \cdot h + b \cdot h) = 2 \cdot (4 \cdot 1{,}5 + 4 \cdot 2 + 1{,}5 \cdot 2) =$
$= 2 \cdot (6 + 8 + 3) = 2 \cdot 17 = 34\ (cm^2)$
$V = a \cdot b \cdot h = 40 \cdot 15 \cdot 20 = 1200\ (mm^3) = 120\ (cm^3)$

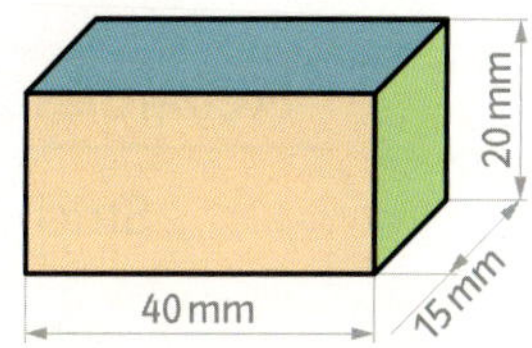

0 **292** Felix streicht die Wände und die Decke seines Zimmers neu. Wie groß ist die Fläche, die er streichen muss, wenn das Zimmer 5 m lang, 3 m breit und 2,5 m hoch ist? Kreuze an!

☐ $37{,}5\,m^3$ ☐ $70\,m^2$ ☐ $42\,m^2$ ☐ $55\,m^2$ ☐ $10{,}5\,m^2$ ☐ $35\,m^2$

I **293** Welche der Aussagen trifft auf den in der Zeichnung dargestellten Quader zu? Kreuze an!

- ☐ $V = p \cdot q \cdot r$
- ☐ $r = V - p - q$
- ☐ Das Rechteck WXYZ ist die Grundfläche des Quaders.
- ☐ $O = p \cdot q + p \cdot r + q \cdot r$
- ☐ ST ∥ VU ∥ WX ∥ ZY

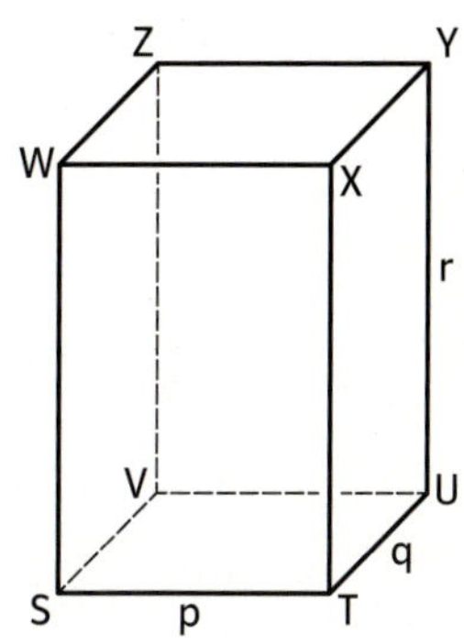

0 **294** Berechne die gesuchten Maße!

	a	b	h	V	O
Quader 1	6 cm	4 cm	2 cm		
Quader 2	2 dm	3 dm		$24\,dm^3$	
Quader 3	23 mm	40 mm	10 mm		

0 **295** Ein Würfel hat einen Oberflächeninhalt von $24\,cm^2$. Wie groß ist seine Kantenlänge?

$O = 6 \cdot a \cdot a \rightarrow a \cdot a = O : 6 =$ ___ : ___ = ___ → a = ___ cm

0 I **296** Zwei Berechnungen sind fehlerhaft. Finde heraus, welche es sind, und stelle sie richtig!

A
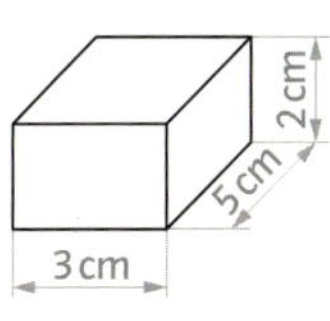

$O = 62\,cm^2$

B
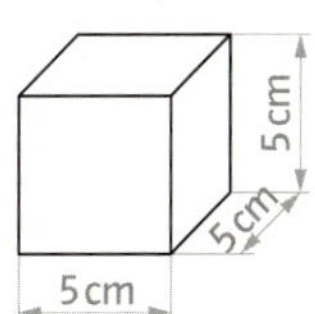

$O = 125\,cm^2$

C
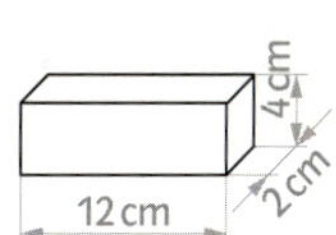

$O = 160\,cm^2$

D
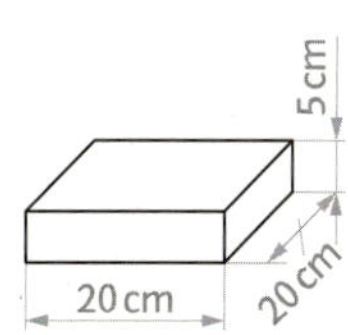

$O = 800\,cm^2$

0 I **297** Wie viel Papier braucht Sheila, um das Geschenk einzupacken? Kommt sie mit 3 m Geschenkband aus, wenn sie für die Schleife zusätzlich 50 cm benötigt?

Papier: $O = 2 \cdot a \cdot a + 4 \cdot a \cdot h =$ ______________

Band: $4 \cdot a + 4 \cdot h =$ ______________

Sheila benötigt ___ m^2 Papier und ___ m Geschenkband.

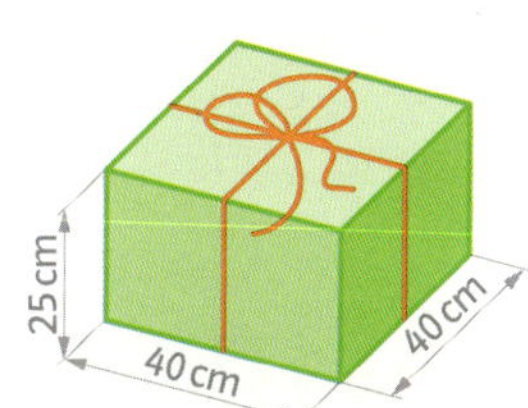

12 Datenmengen

0 I **298**

Christoph erhebt in seiner Klasse die beliebtesten Freizeitbeschäftigungen. Die Ergebnisse sind in der folgenden Tabelle als Häufigkeiten in Form von Strichlisten zusammengefasst:

Freizeitbeschäftigung	Fernsehen	Computerspiele	Sport	Lesen	Freunde treffen
Strichliste	𝍸	𝍸 ||	||||	|||	𝍸 |
Zahl					

1) Gib in obenstehender Tabelle die Häufigkeit für jede Freizeitbeschäftigung als Zahl an!

2) Wie viele Schülerinnen und Schüler wurden befragt? ______________

3) Ergänze bei jeder senkrechten Linie die entsprechende Zahl!

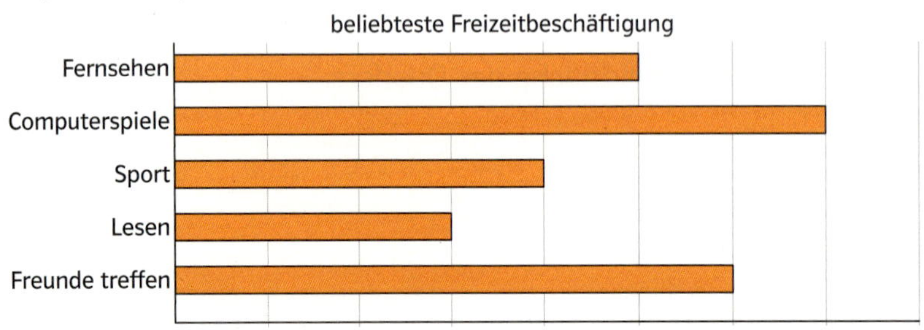

0 I **299**

Marlene hat in ihrer Klasse eine Befragung über die Lieblingsfarben der Schülerinnen und Schüler durchgeführt. Die Ergebnisse liegen als Urliste vor:
orange, rot, rot, grün, blau, lila, rot, blau, gelb, orange, rot, orange, grün, blau, rot, blau, lila, orange, grün, rot, blau, orange, blau, rot

1) Übertrage die Ergebnisse der Befragung als Häufigkeiten in die Tabelle:

Farbe	blau	grün	rot	gelb	lila	orange
Strichliste						
Zahl						

2) Wie viele Schülerinnen und Schüler wurden befragt? ______________

3) Welche Säule gibt die Häufigkeit welcher Lieblingsfarbe an?

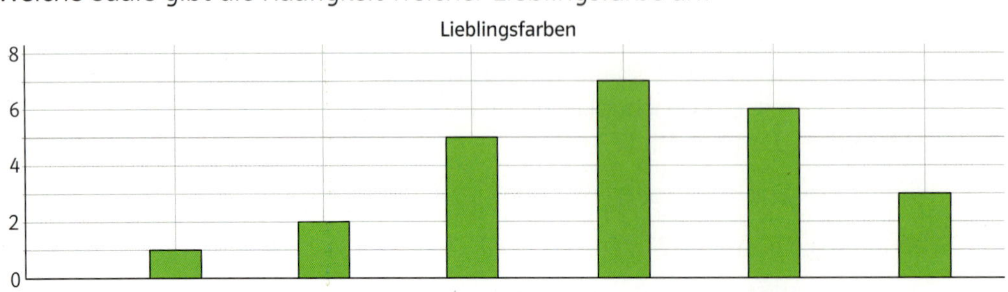

I **300** Österreich hat bei den Olympischen Winterspielen in Sotschi 4 Goldmedaillen, 8 Silbermedaillen und 5 Bronzemedaillen gewonnen. In welcher der folgenden Grafiken ist der Medaillenspiegel für Österreich richtig dargestellt?

A

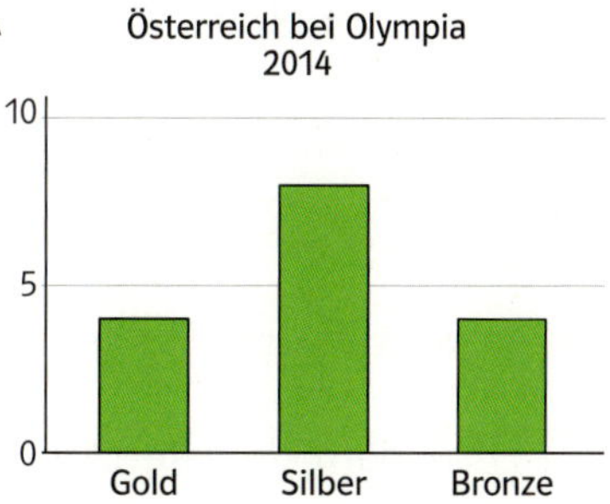

B

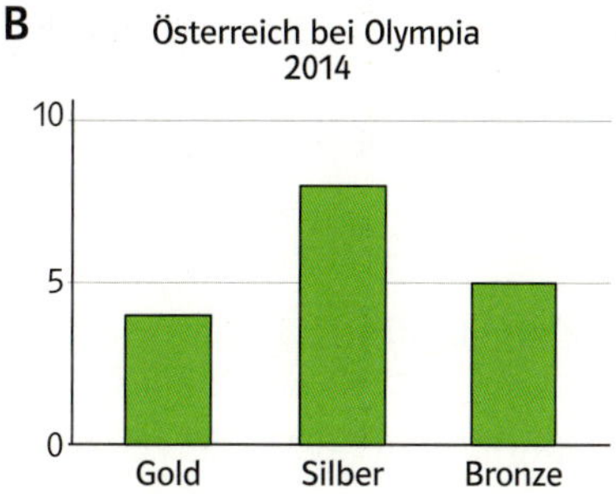

C

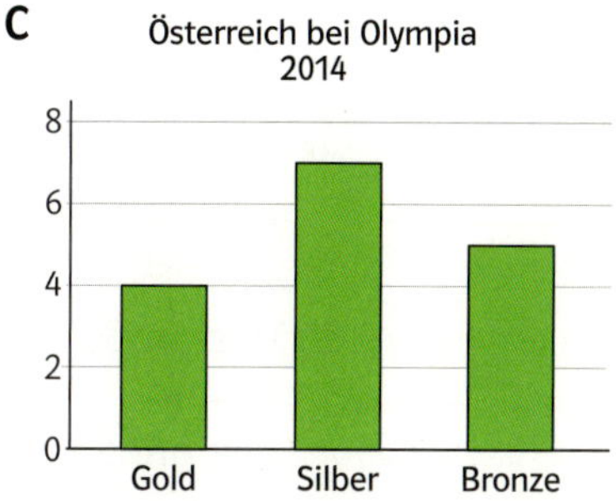

I **301** In allen sieben ersten Klassen eines Gymnasiums wurde die Dauer des Schulwegs erhoben. Die Ergebnisse der Befragung sind in folgendem Balkendiagramm dargestellt:

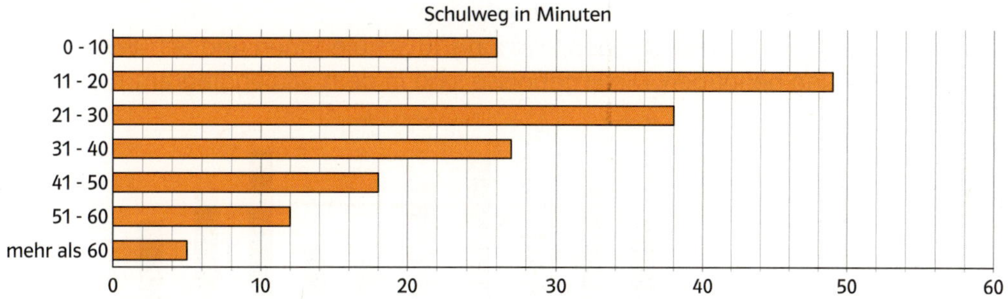

Kreuze die zutreffenden Werte an!
Die ersten Klassen werden von ☐ 150 ☐ 175 ☐ 200 Schülerinnen und Schülern besucht.
Die meisten der Befragten haben einen Schulweg, der ☐ 11–20 Minuten ☐ 21–30 Minuten ☐ 31–40 Minuten dauert.
Länger als 50 Minuten dauert der Schulweg von ☐ 5 ☐ 12 ☐ 17 der Befragten.
75 der Befragten haben einen Schulweg, der ☐ 11–20 Minuten ☐ 20 Minuten oder kürzer ☐ länger als 20 Minuten dauert.

I **302** In den Unterstufenklassen wurde eine Erhebung über die Nutzung des Internets durchgeführt. Dabei wurde gefragt, wie lang die Schülerinnen und Schüler täglich im Internet surfen. Das Ergebnis wurde in folgender Grafik dargestellt:

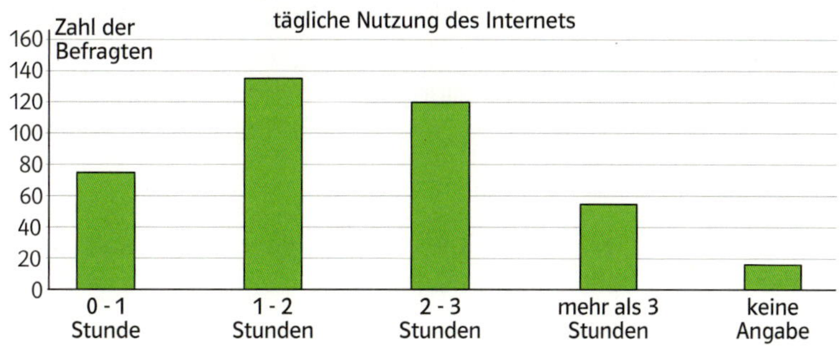

Kreuze die zutreffenden Werte an!
Insgesamt wurden ☐ 200 ☐ 300 ☐ 400 Schülerinnen und Schüler befragt.
Am häufigsten surfen die Befragten ☐ 0–1 Stunde ☐ 1–2 Stunden ☐ 2–3 Stunden im Internet.
15 der Befragten ☐ surfen mehr als 4 Stunden ☐ surfen nie ☐ machten keine Angabe.
210 der Befragten surfen ☐ weniger als 2 Stunden ☐ mehr als 2 Stunden ☐ mehr als 1 Stunde.

D O I **303** Bei der in jedem Jahr stattfindenden Untersuchung durch eine Schulärztin oder einen Schularzt wird auch die Körpergröße gemessen. In der folgenden Urliste sind die Körpergrößen der Schülerinnen und Schüler der 1A in Zentimeter angegeben:

143, 134, 127, 136, 145, 129, 135, 136, 124, 130, 142, 126, 125, 137, 133, 146, 138, 129, 136, 139

1) Erstelle eine geordnete Liste der Körpergrößen!

____

2) Wie groß ist das kleinste Kind? __________ Wie groß ist das größte Kind? __________

Wie groß ist die Spannweite zwischen dem größten und dem kleinsten Kind? __________

3) Es gibt Kinder, die gleich groß sind. Welche Größe kommt am häufigsten vor? __________

4) Berechne die durchschnittliche Körpergröße in der 1A! __________

D O I **304** In einer Hortgruppe wird erhoben, wie lang 10 Schülerinnen und Schüler an einem Montag für die Hausübung benötigen. Die Ergebnisse sind in dem Säulendiagramm dargestellt:

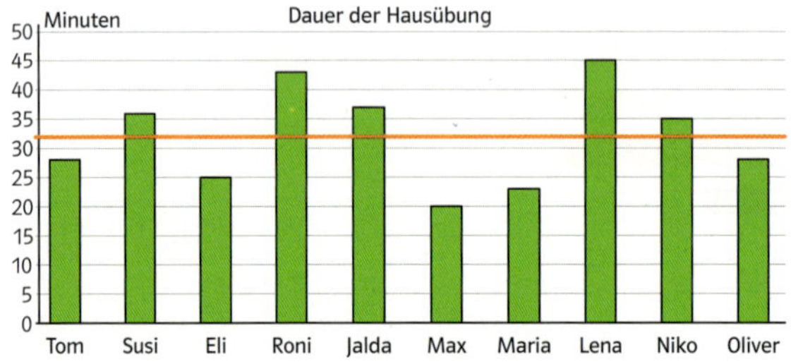

1) Ergänze anhand der Grafik die Werte in der Tabelle:

Name	Tom	Susi	Eli	Roni	Jalda	Max	Maria	Lena	Niko	Oliver
Häufigkeit	28	36		43	37		23			28

2) Wie lang war die kürzeste Zeitdauer für die Hausübung? __________

Wie lang war der längste Zeitaufwand für die Hausübung? __________

Wie groß ist der Unterschied zwischen kürzester und längster Dauer? __________

3) Berechne die durchschnittliche Hausübungsdauer in der Hortgruppe und trage sie als färbige Linie in das Säulendiagramm ein!

O I **305** Familie Radic machte letzten Sommer einen sechstägigen Radurlaub. Die täglich zurückgelegten Distanzen sind in der Tabelle zusammengefasst:

	1. Tag	2. Tag	3. Tag	4. Tag	5. Tag	6. Tag
Distanz	52 km	28 km	43 km	30 km	23 km	43 km

1) Wie lang war die kürzeste Strecke? __________

Wie lang war die längste zurückgelegte Entfernung? __________

2) Wie viele Kilometer ist Familie Radic durchschnittlich an einem Tag geradelt? __________

I **306** Anika hat für das Spiel „Stadt – Land – Fluss" eine Liste mit möglichen Lösungen für die ersten fünf Buchstaben im Alphabet erstellt. Bei den letzten zehn Spielen hat sie notiert, wie oft diese Lösungen vorgekommen sind:

	A	B	C	D	E
Stadt	Ankara 卌 ||	Berlin 卌	Caracas |	Dublin ||||	Eisenstadt 卌 ||
Land	Afghanistan 卌	Bulgarien |||	China 卌 |||	Deutschland |||	Estland ||
Fluss	Alster |	Brahmaputra |||	Colorado ||	Donau 卌 ||||	Enns ||||
Beruf	Architekt 卌 |	Bäcker 卌 ||	Chemiker 卌	Dachdecker 卌 |||	Einkäufer ||||
Tier	Adler 卌 |||	Bisamratte ||	Chamäleon ||||	Dachs |||	Esel 卌
Name	Anna 卌 ||	Bernd |||	Claudia 卌 |	Dagmar ||	Elisabeth 卌

Anika hat Ergebnisse ihrer Erhebung als Säulendiagramm oder Balkendiagramm dargestellt. Allerdings hat sie Überschriften vergessen. Welche Zeile oder Spalte der Tabelle ist im jeweiligen Diagramm dargestellt? Schreibe die passende Überschrift in die Grafik!

1)

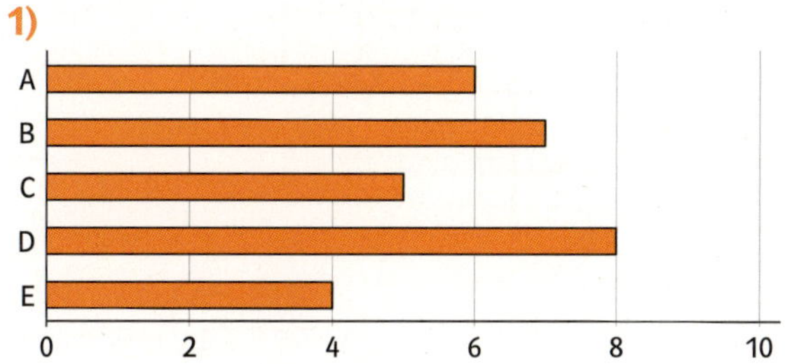

4)

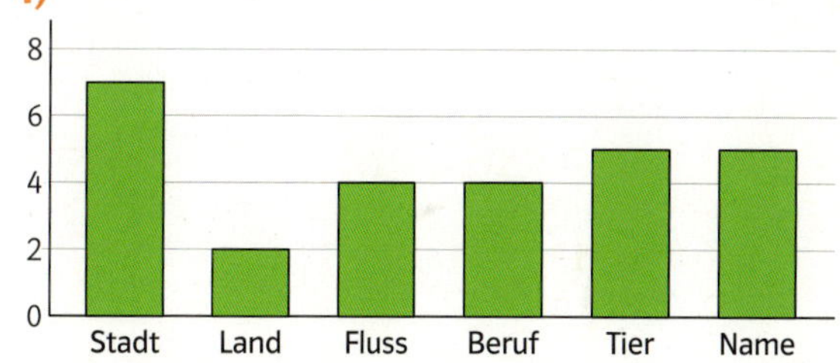

2)

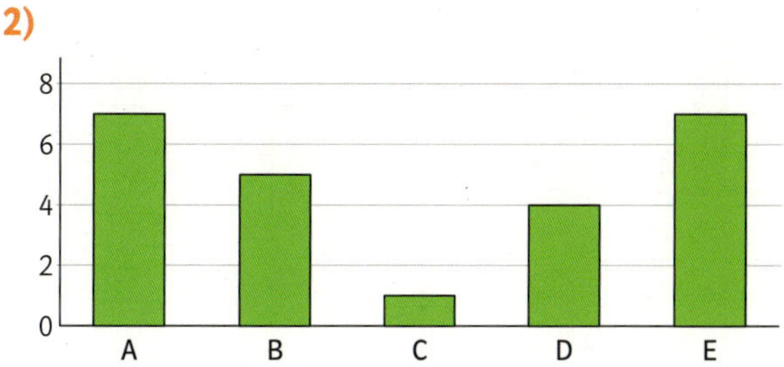

5)

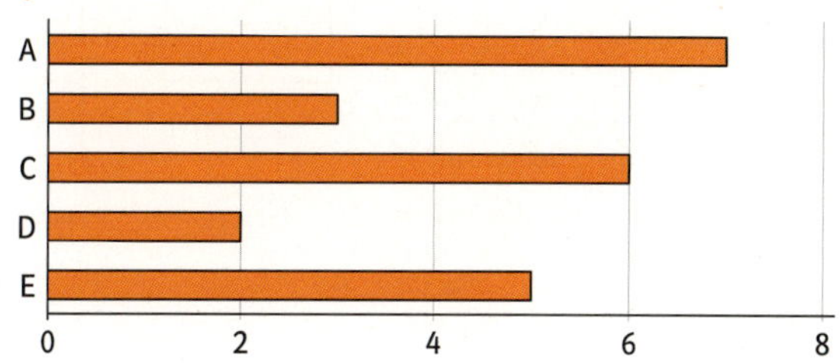

3)

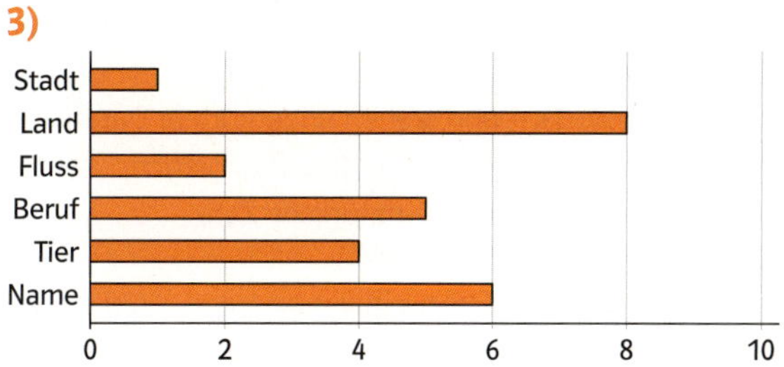

6)

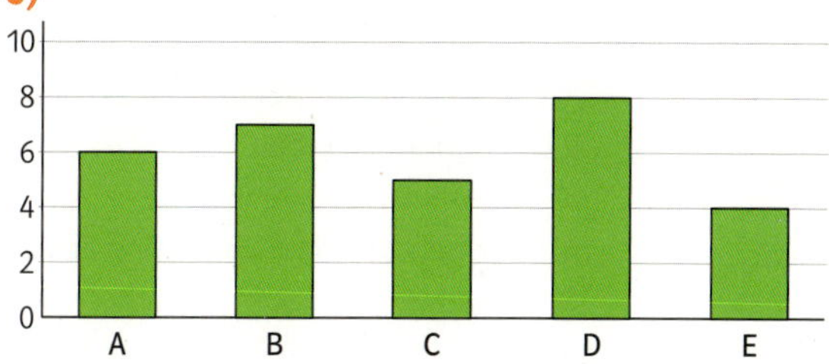

Abschlussrätsel

307 Trage die gesuchten Begriffe ins Kreuzwortgitter ein!

1. Ergebnis einer Multiplikation
2. Längenmaßeinheit
3. 1000000 mal 0,0001
4. Zeichen zwischen Einer- und Zehntelstelle
5. kürzeste Verbindung zwischen zwei Punkten
6. Die Ziffer 9 der Zahl 345,12911 steht an dieser Stelle.
7. Begriff für $3 \cdot x + 4$
8. Anzahl der Kanten eines Würfels
9. Das ist ein Quader.
10. Flächenmaßeinheit
11. Darin stehen ungeordnete Daten.
12. steht unter dem Bruchstrich
13. kleinste natürliche Zahl
14. Rauminhalt
15. Winkelmaßeinheit
16. Fläche zwischen zwei Radien und einem Kreisbogen
17. der größte Wert einer Liste
18. Bezeichnung für 1:20000 in einem Stadtplan
19. unbestimmte Zahl
20. Maßeinheit der Zeit